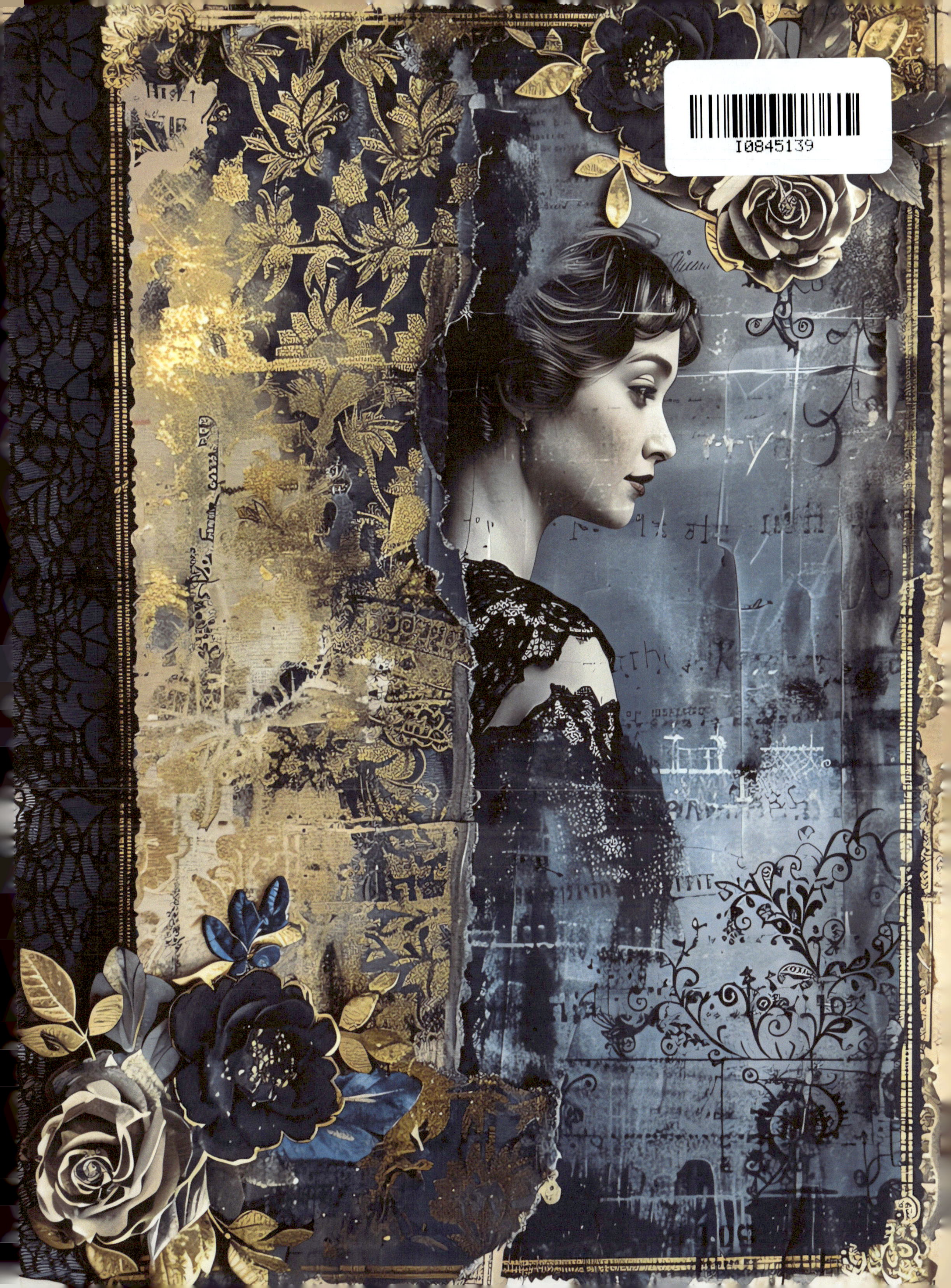

I0845139

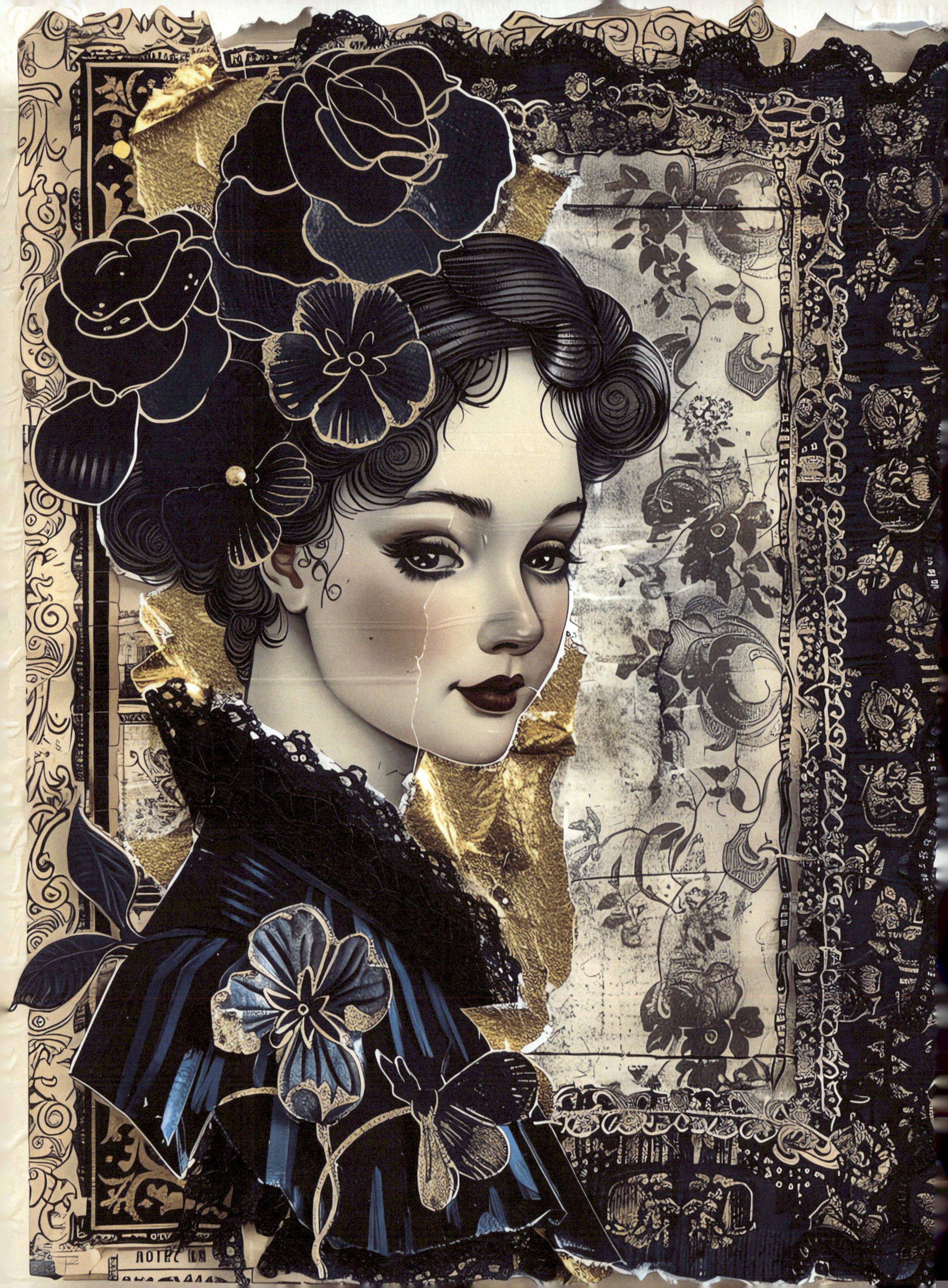

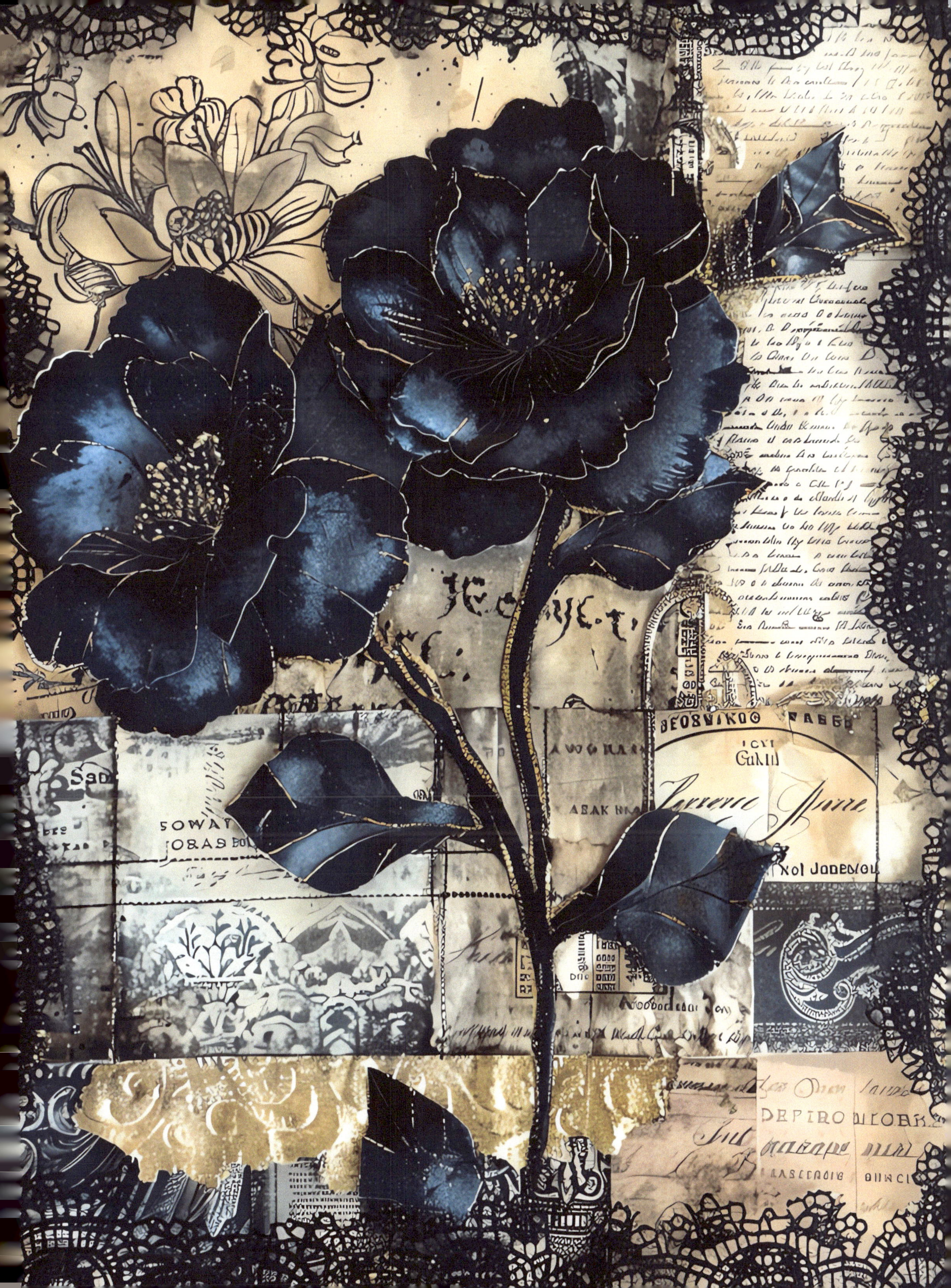

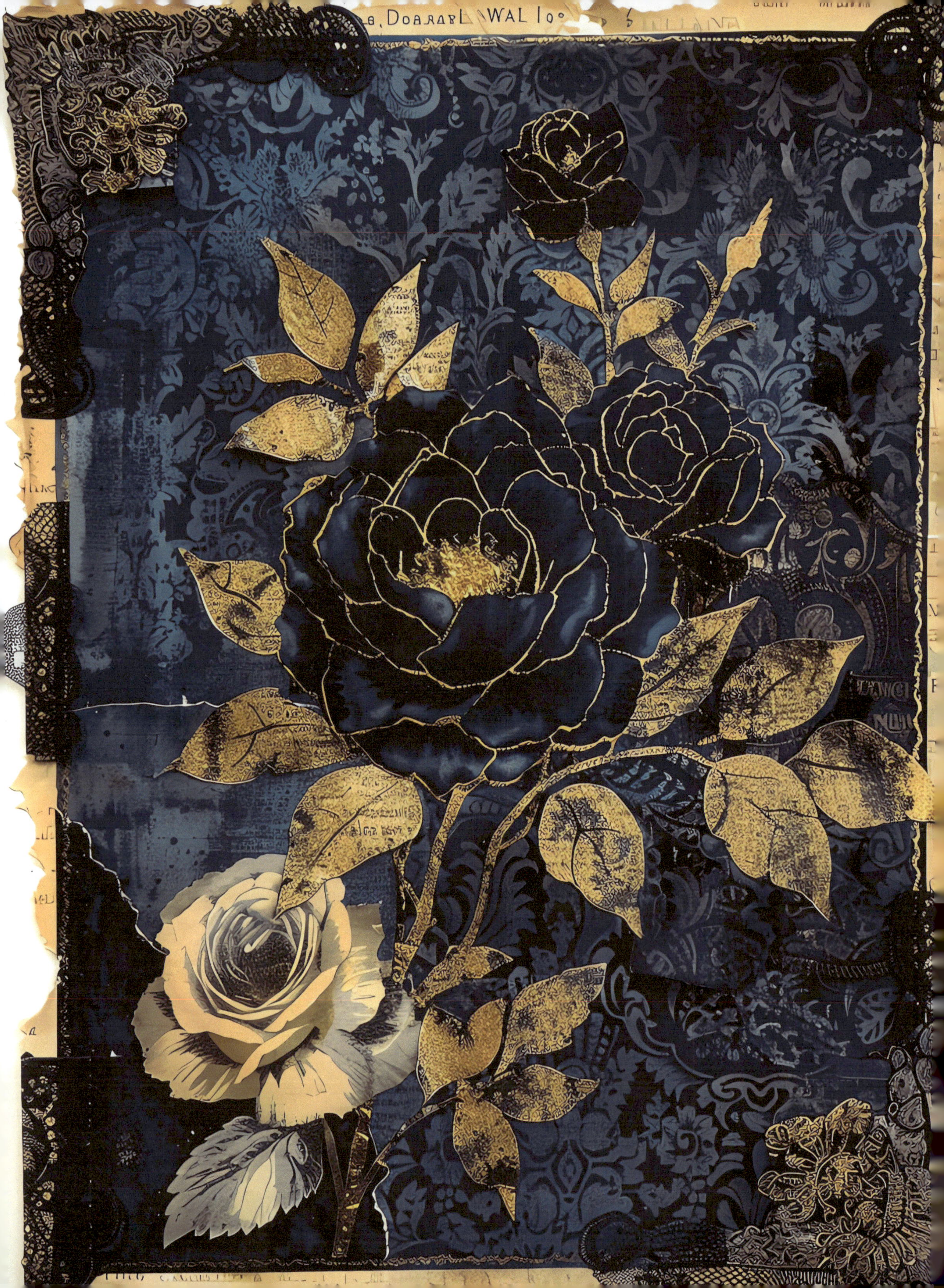

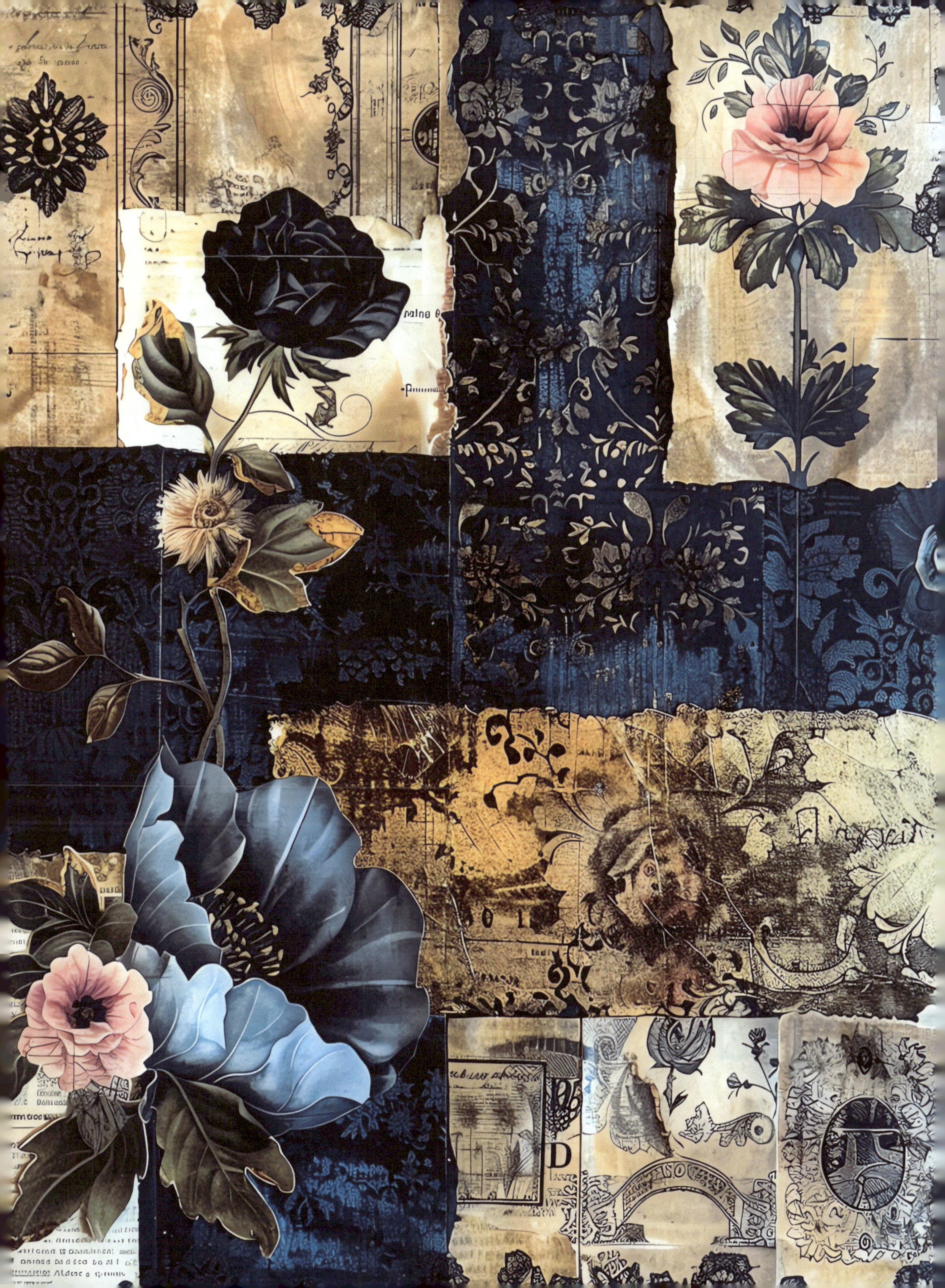

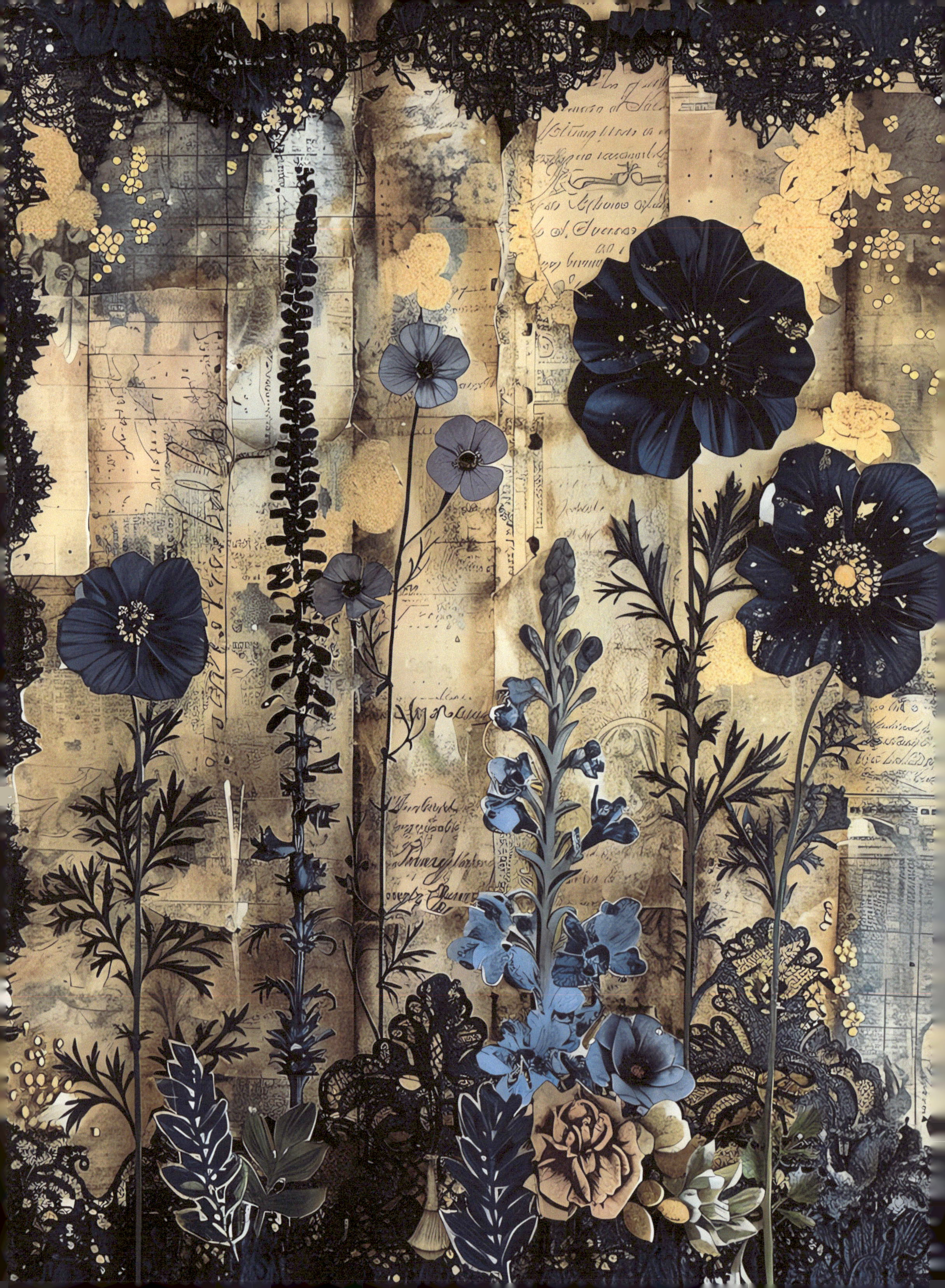

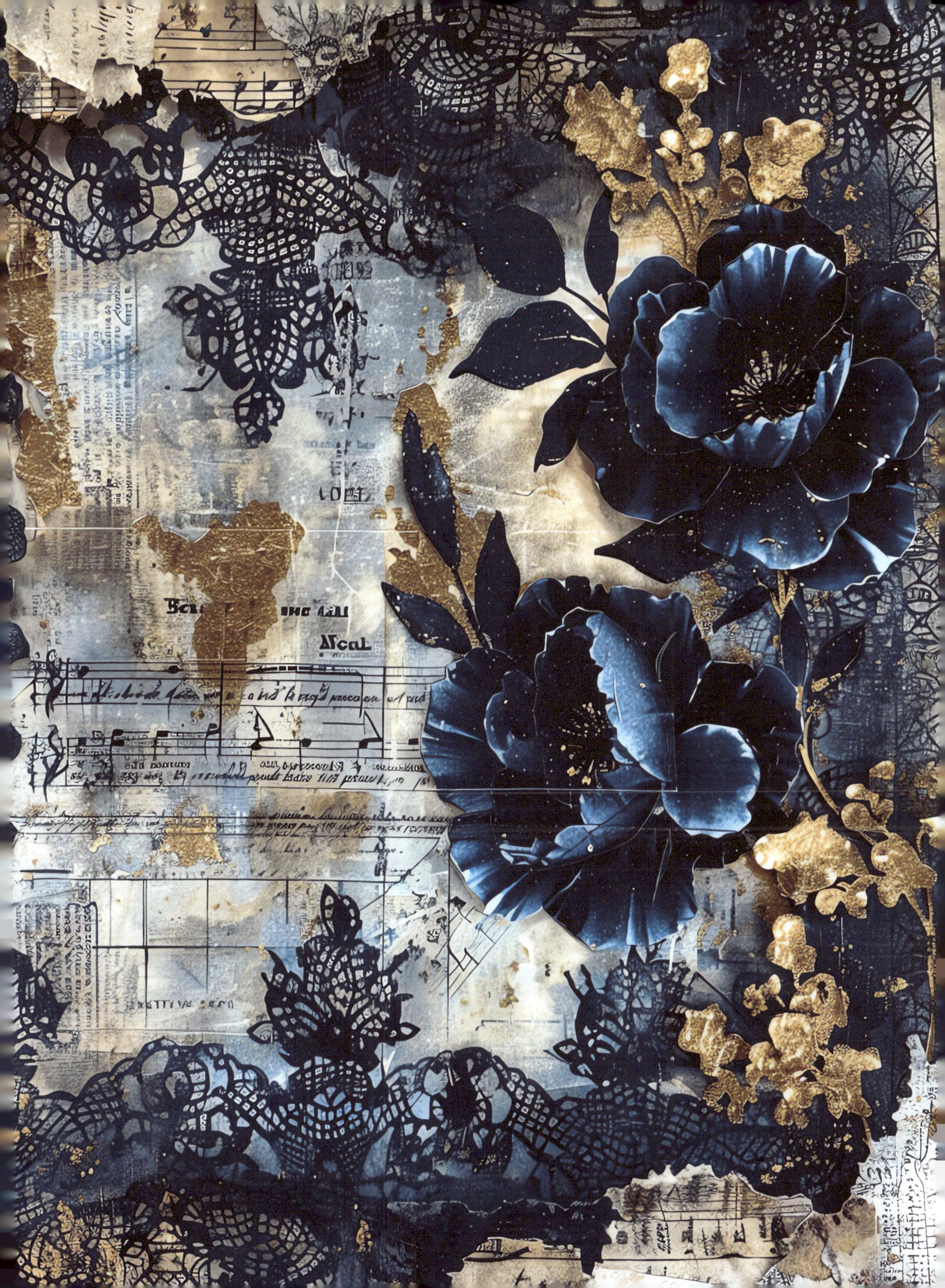

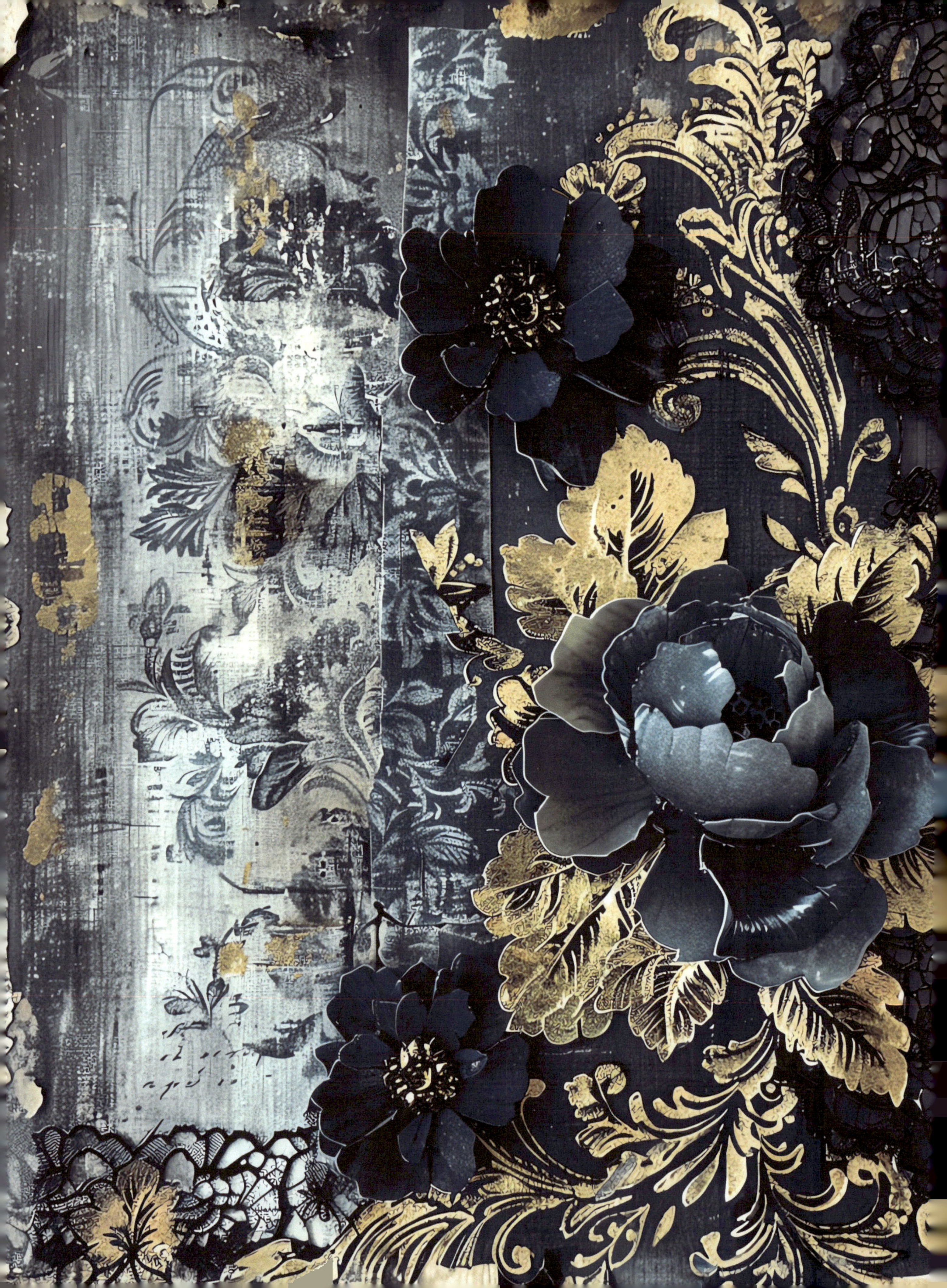

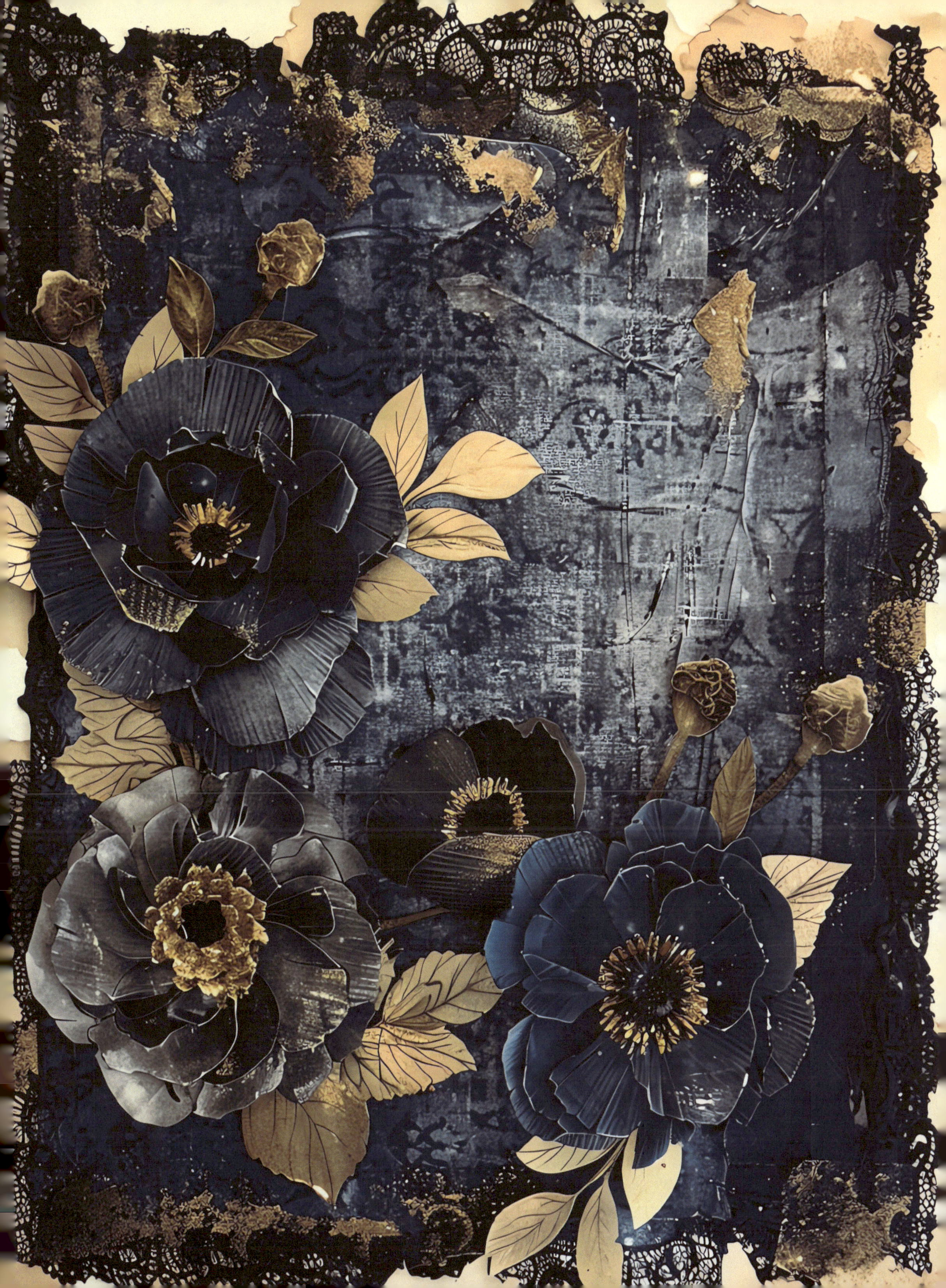

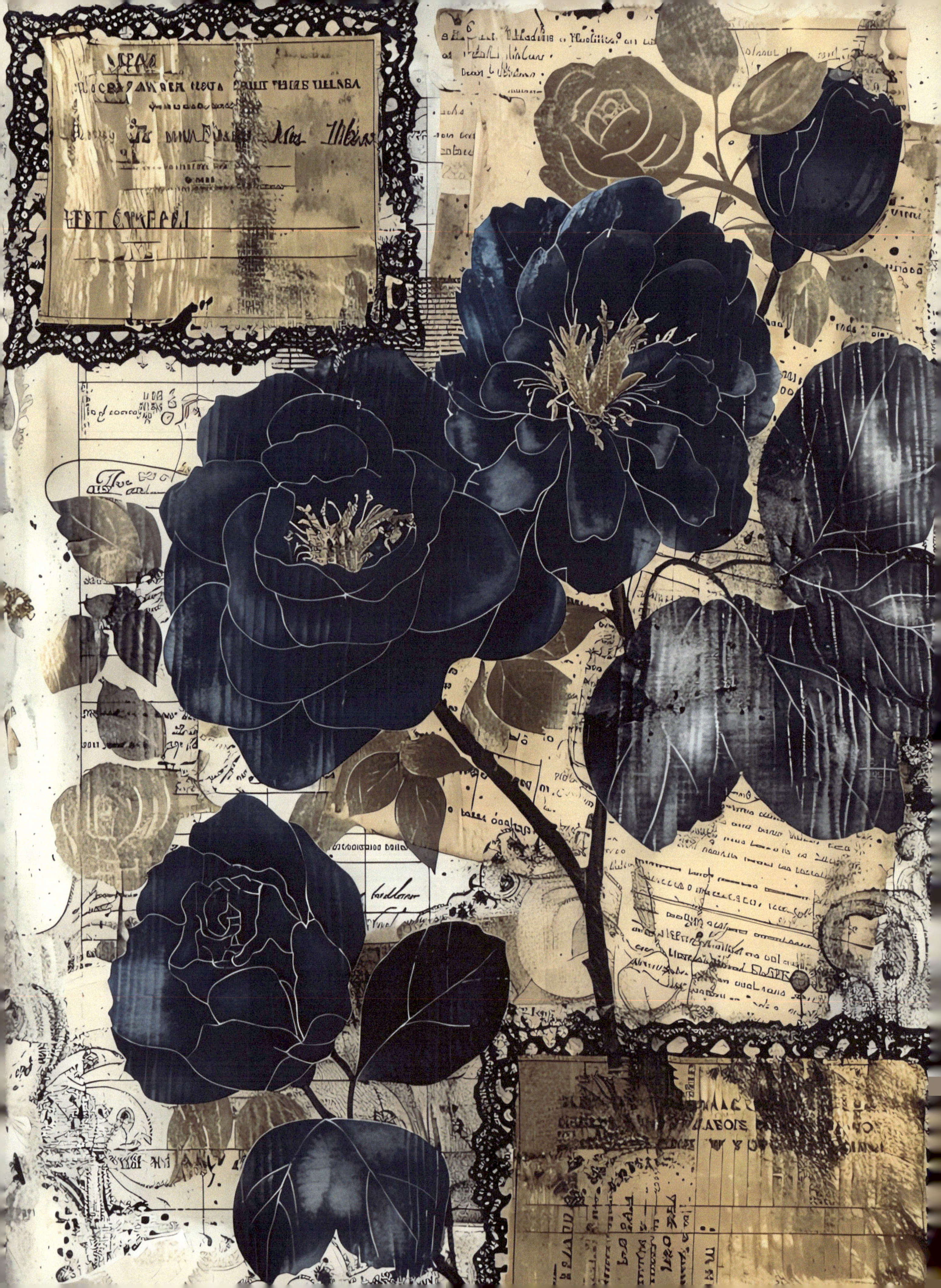

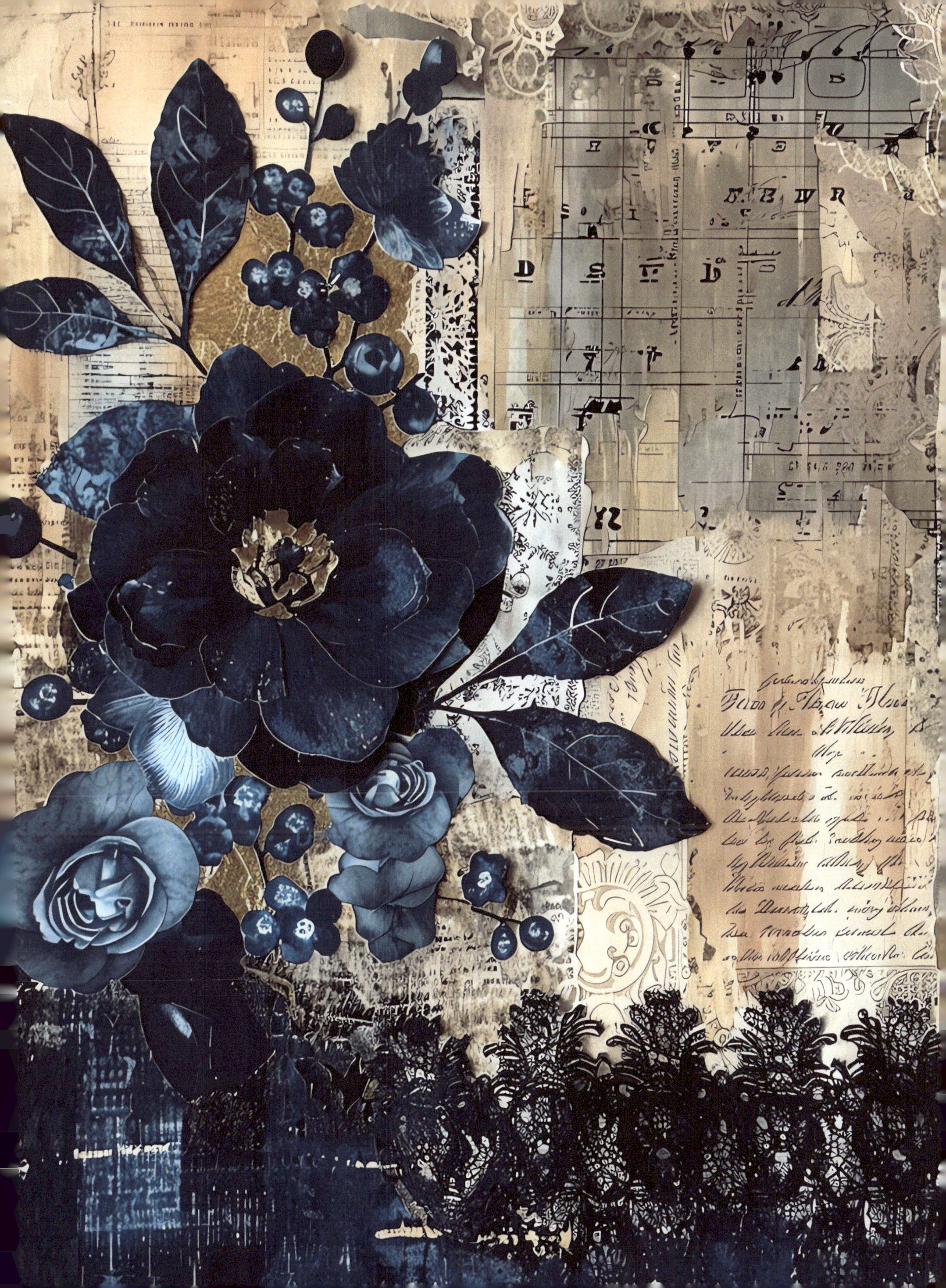

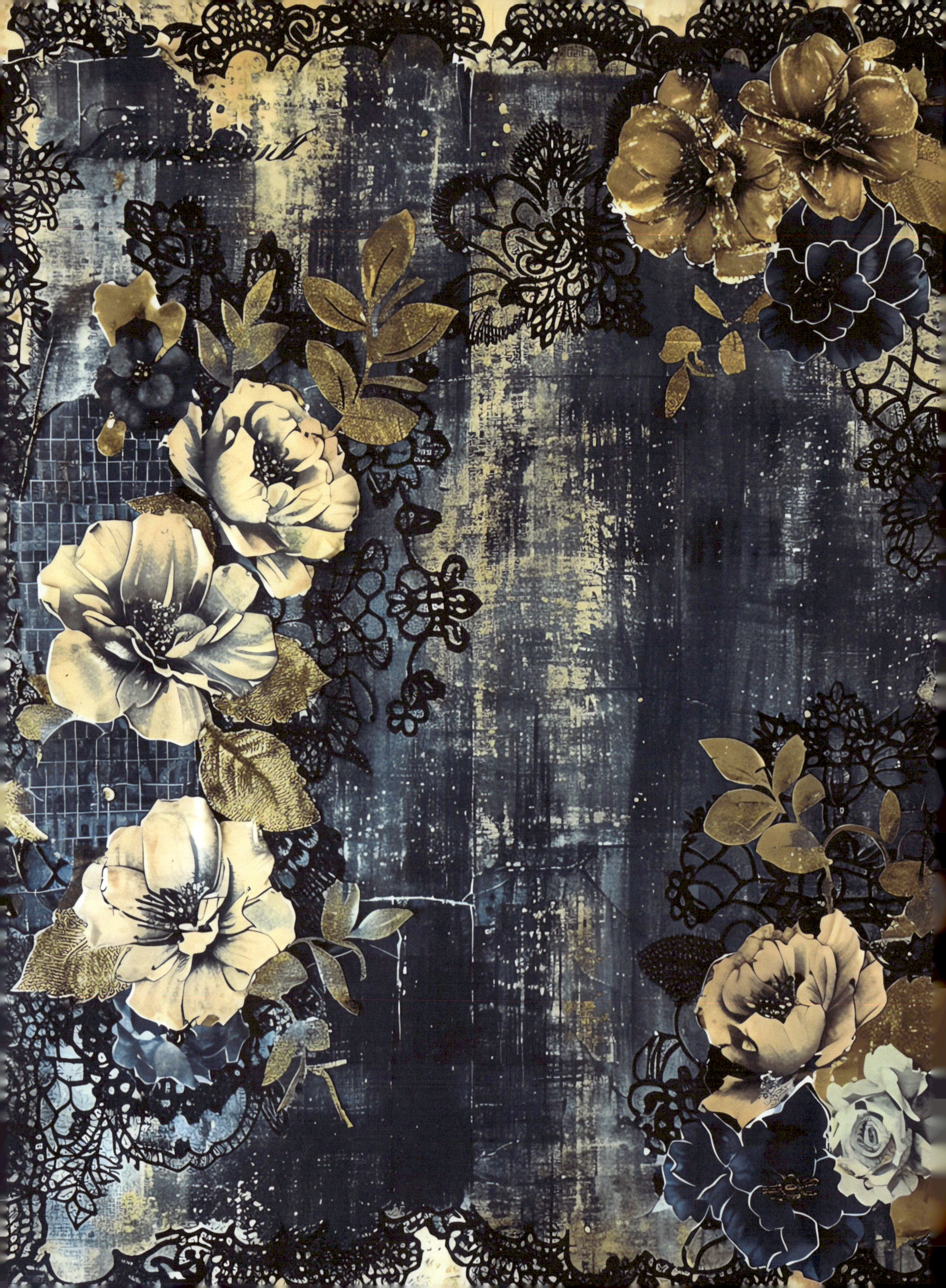

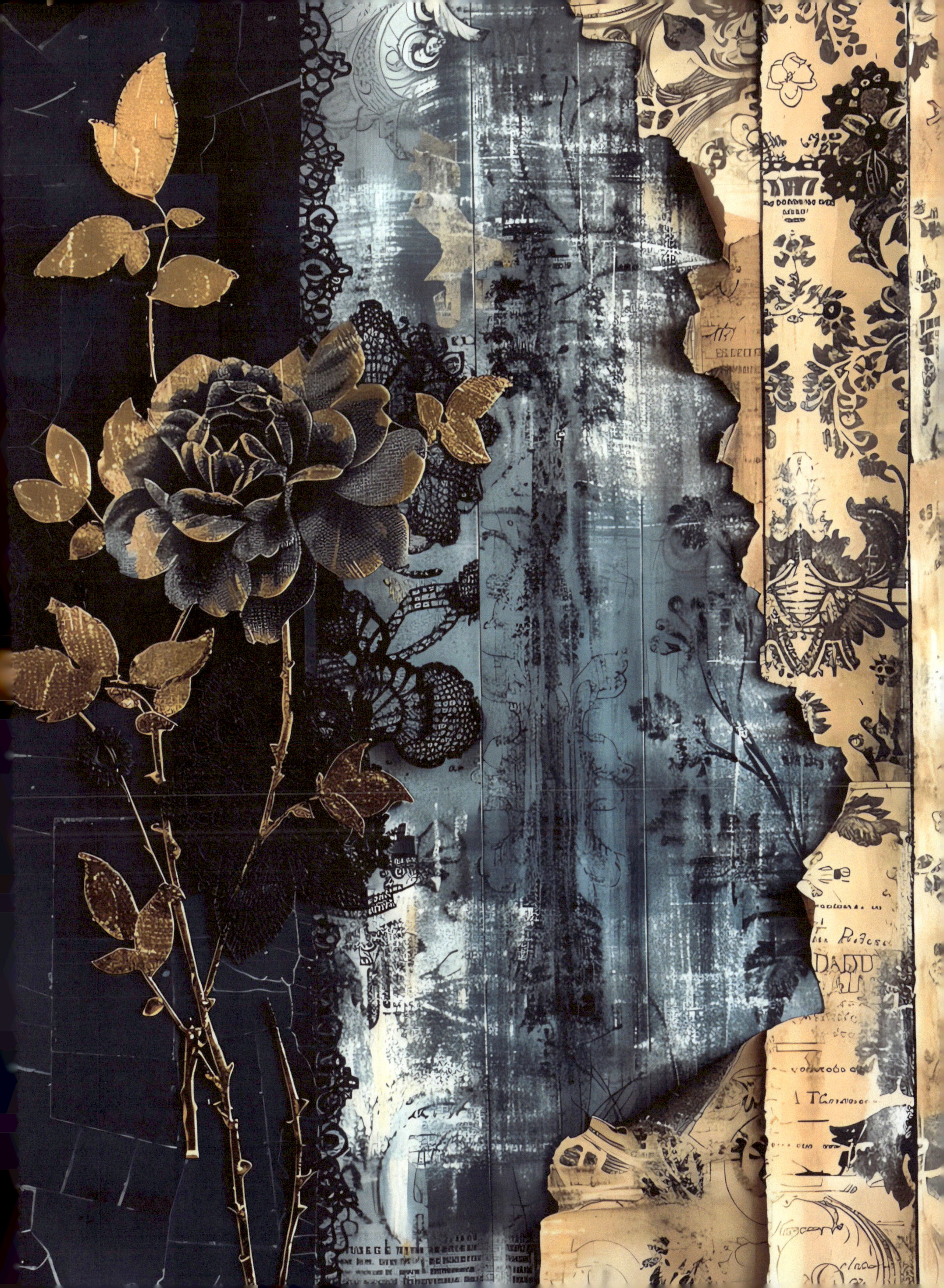

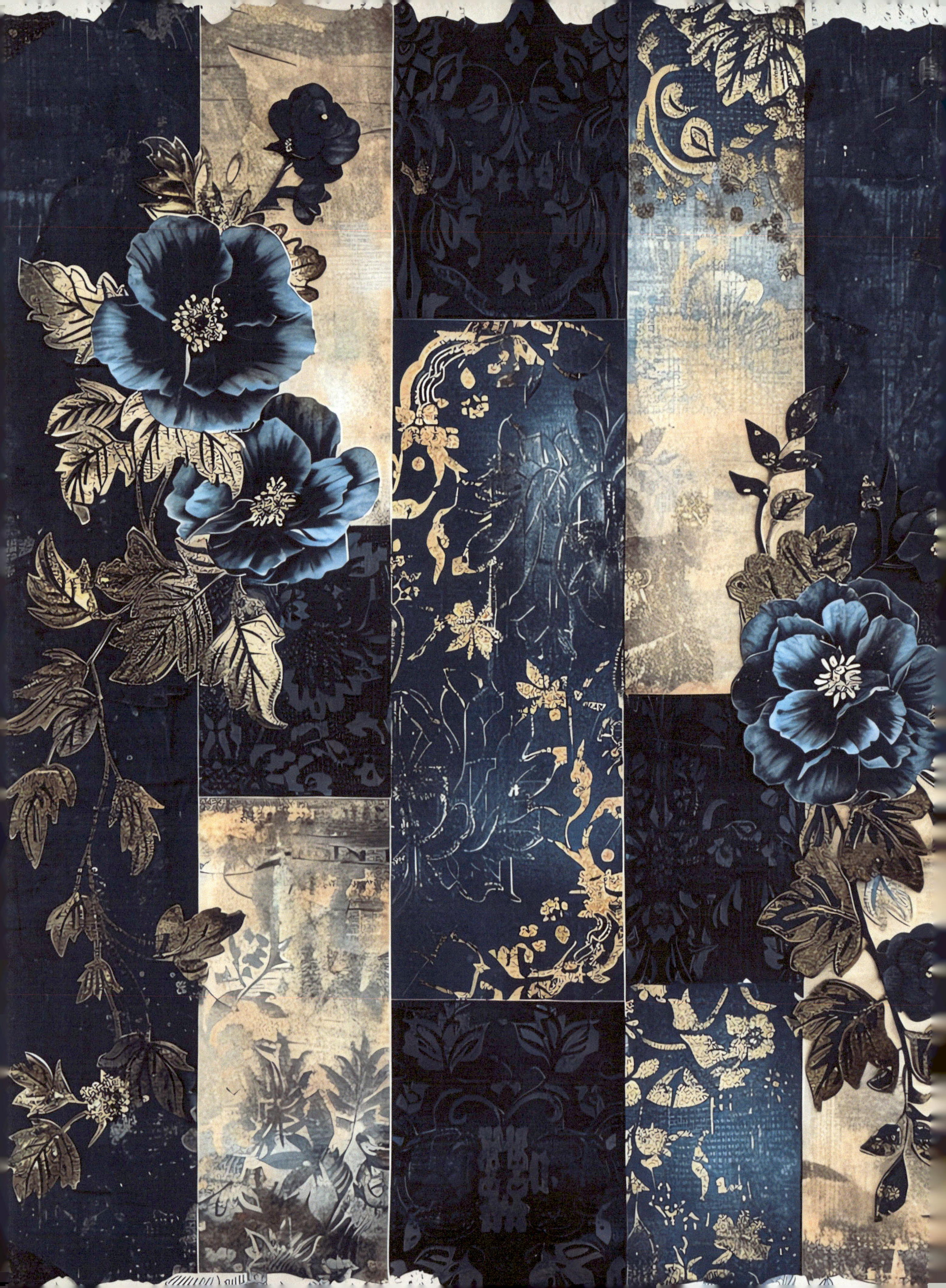

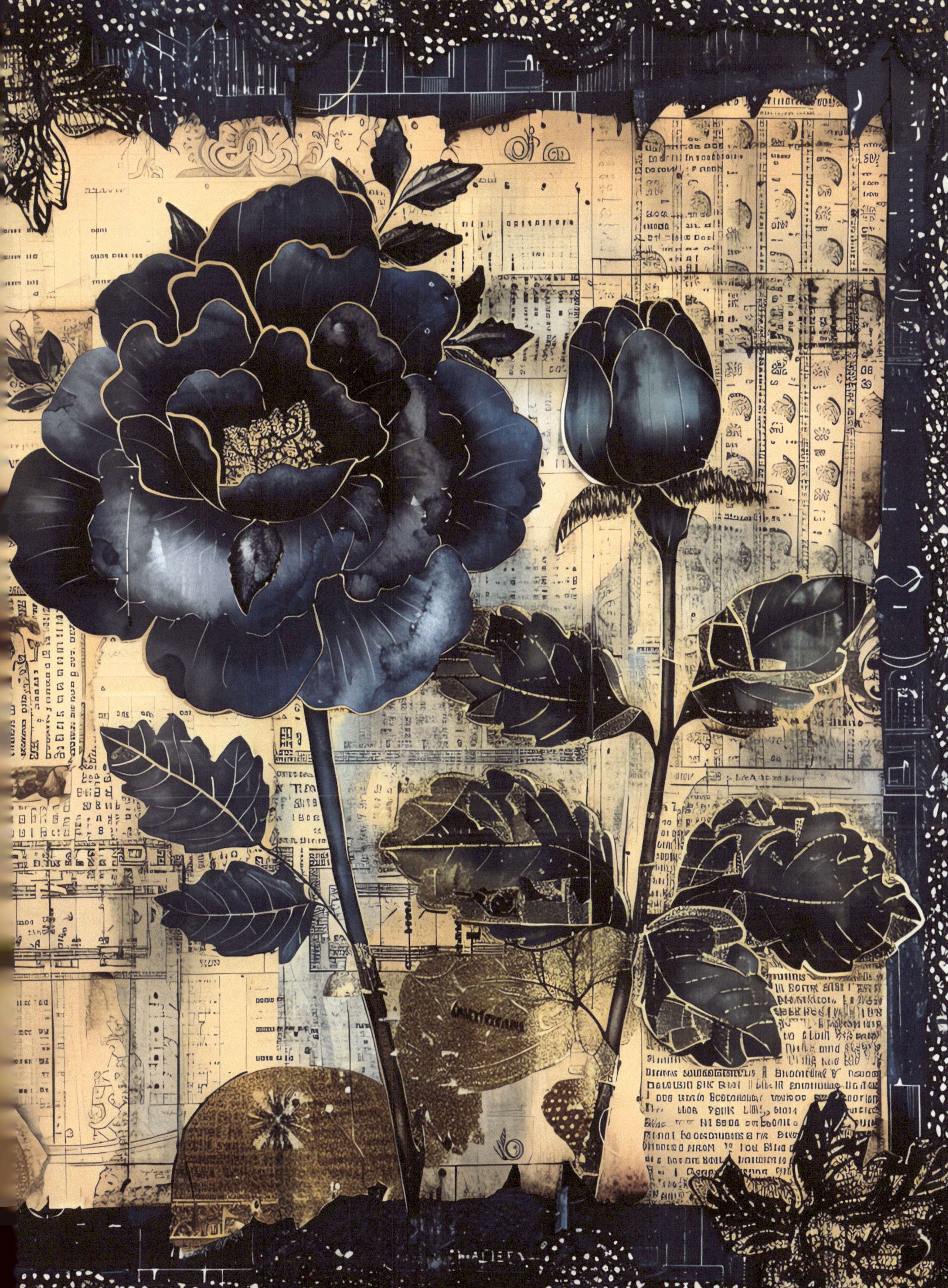

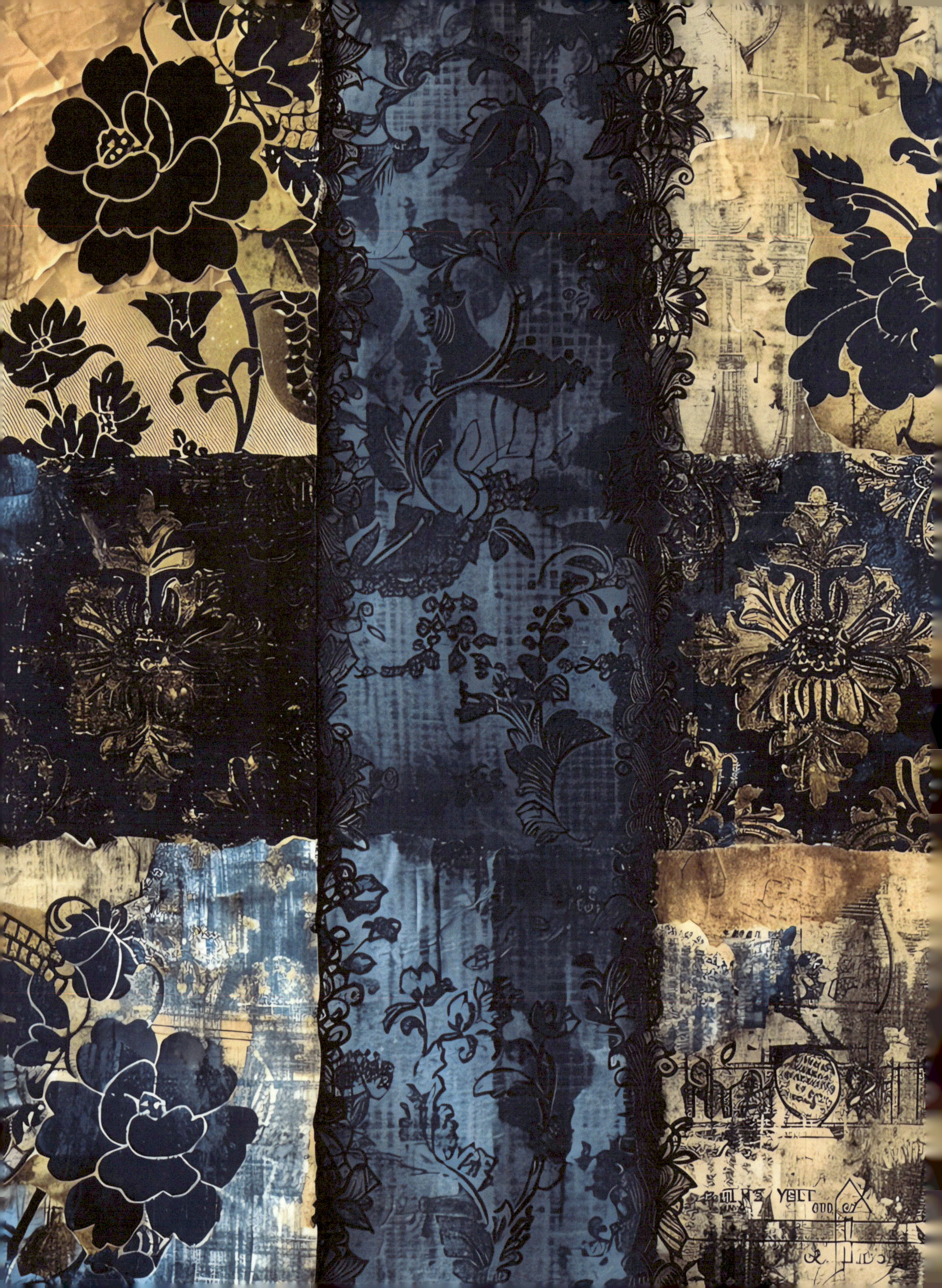

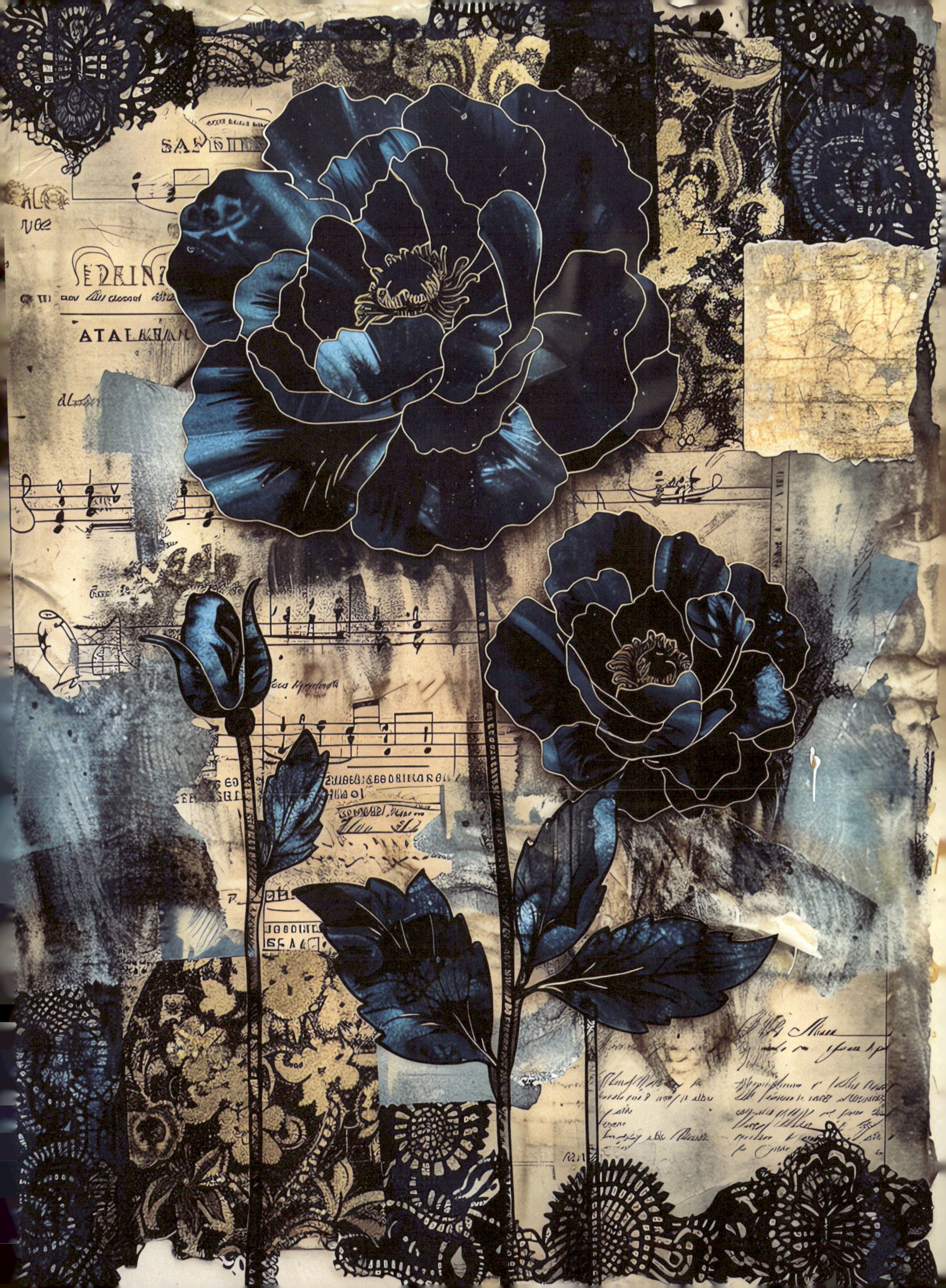

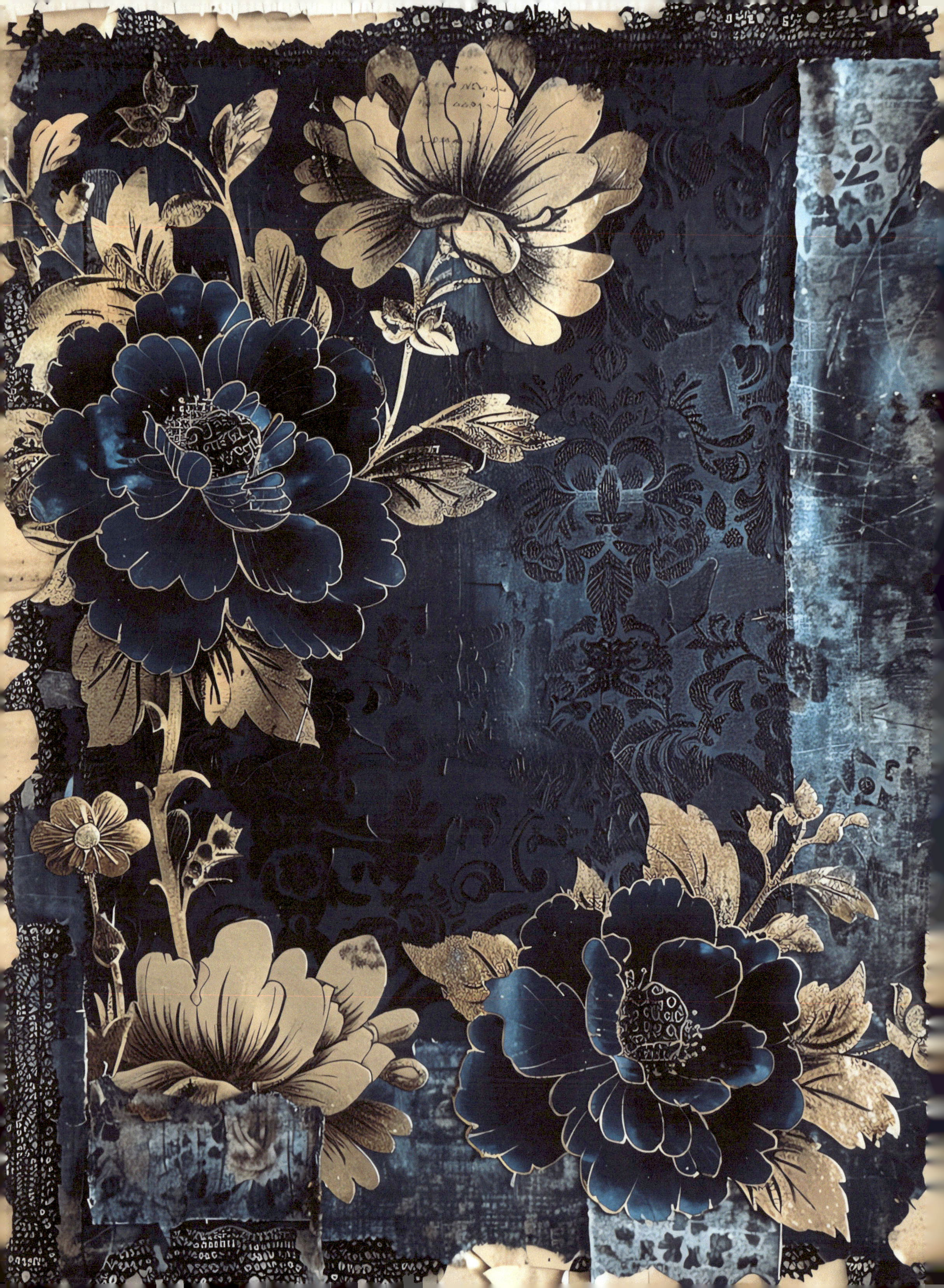

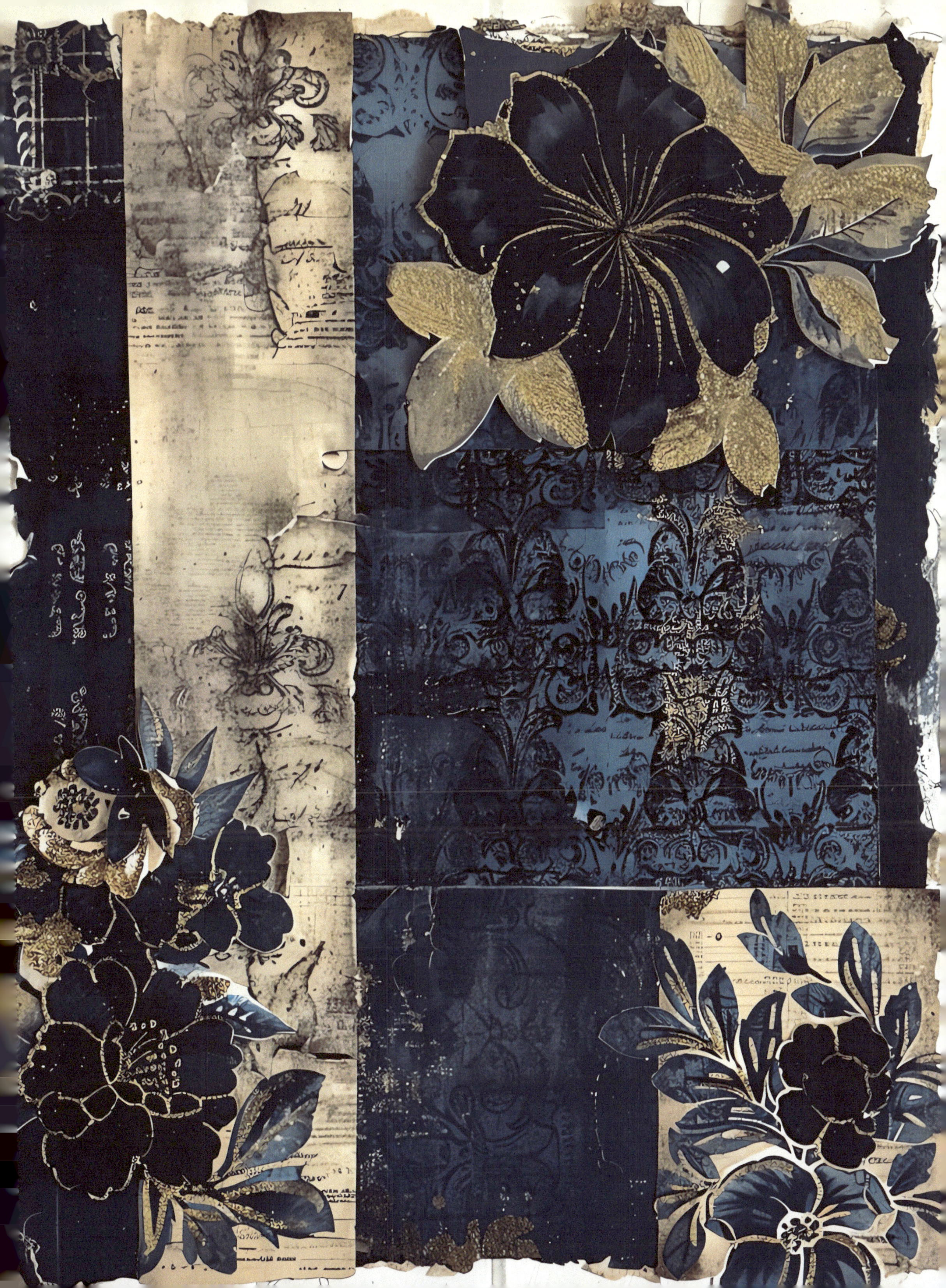

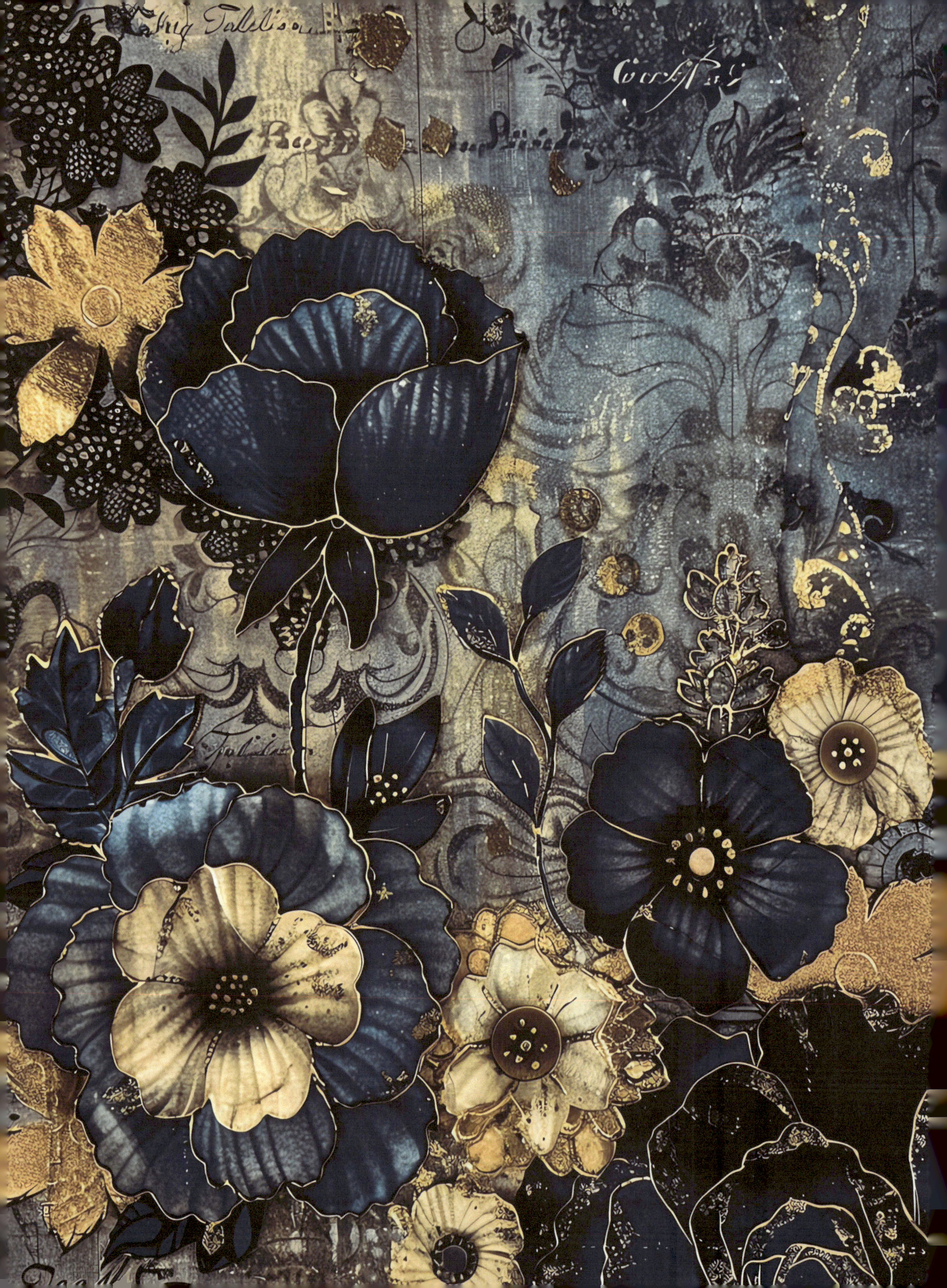

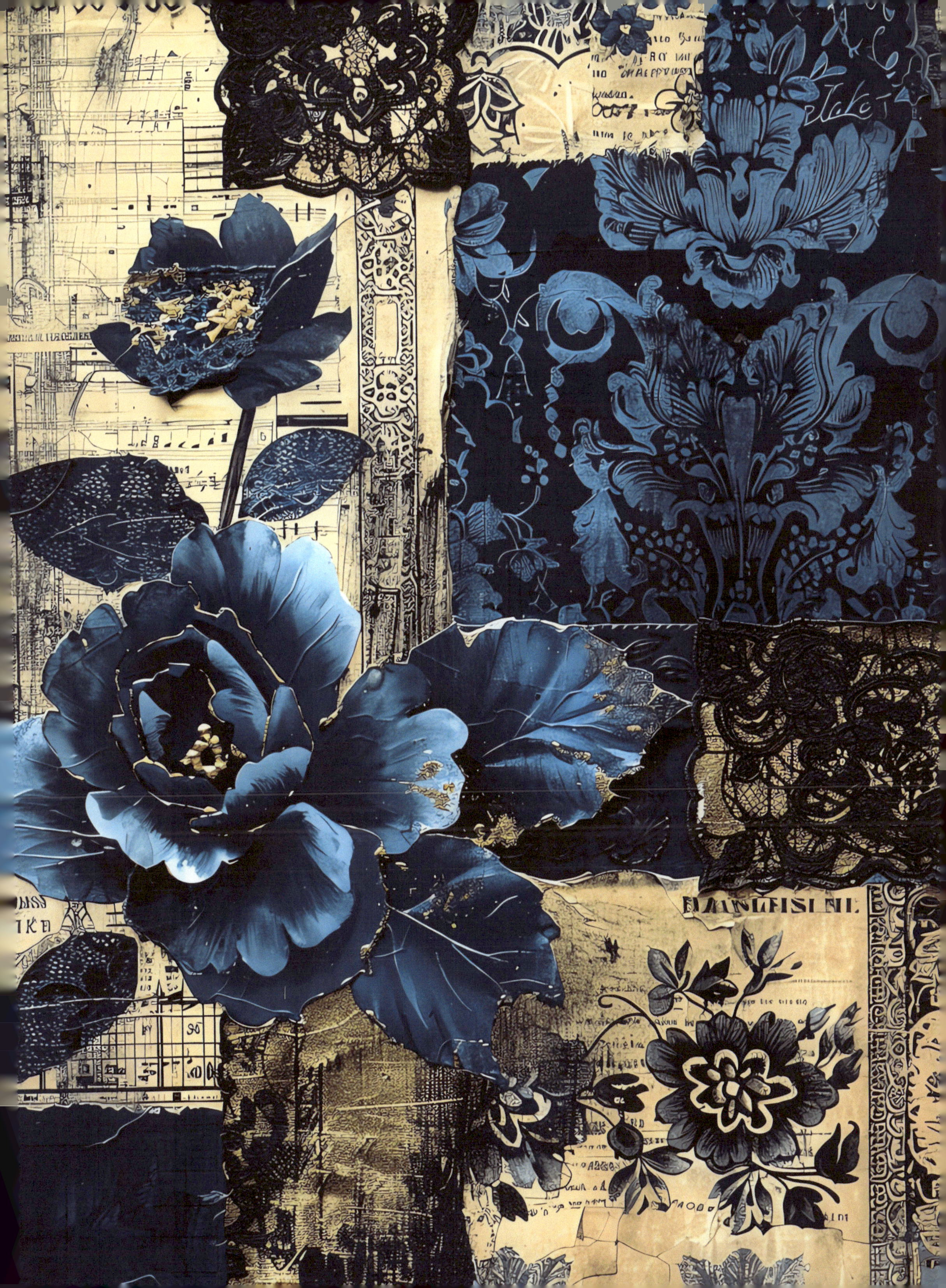

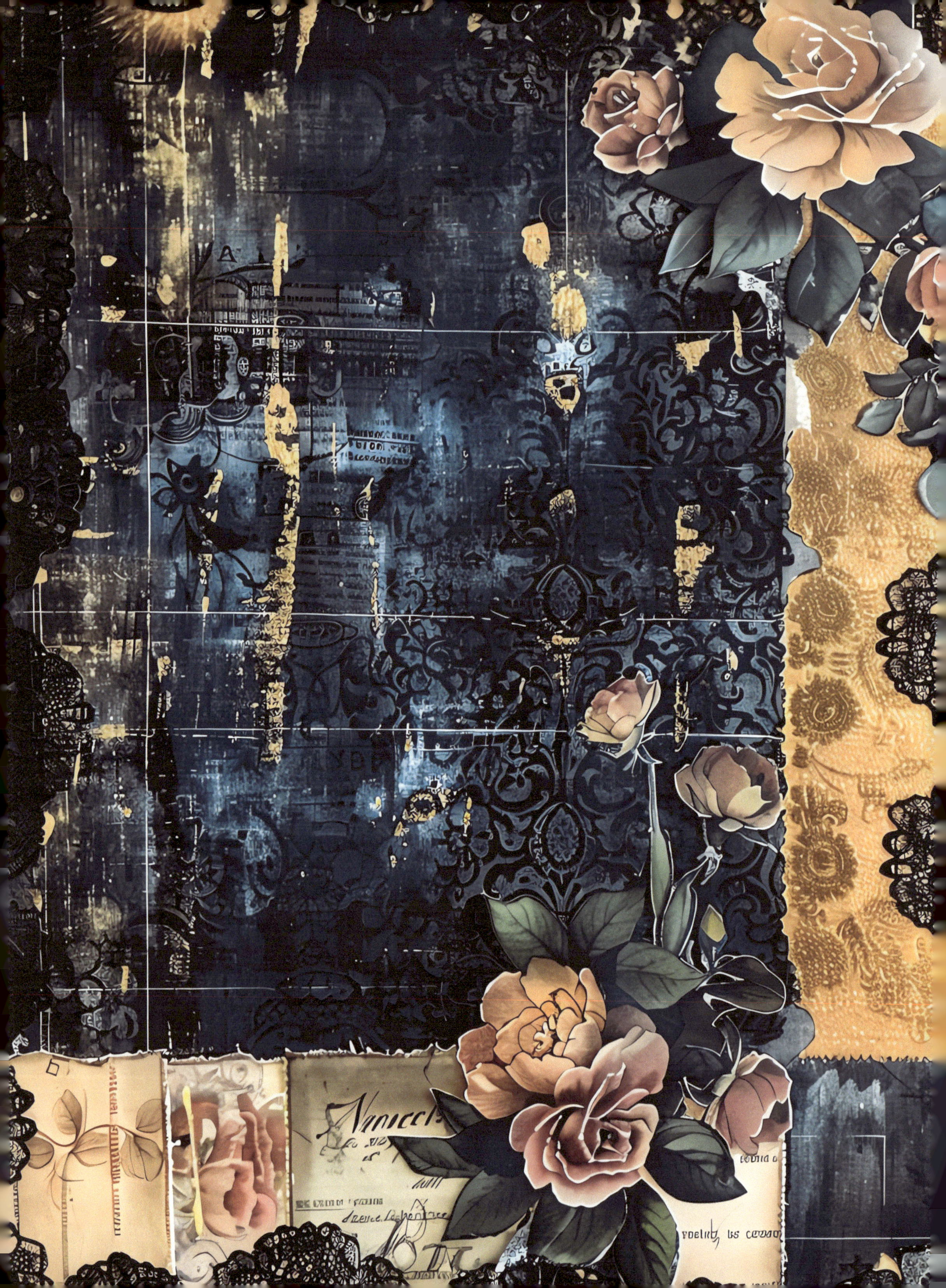

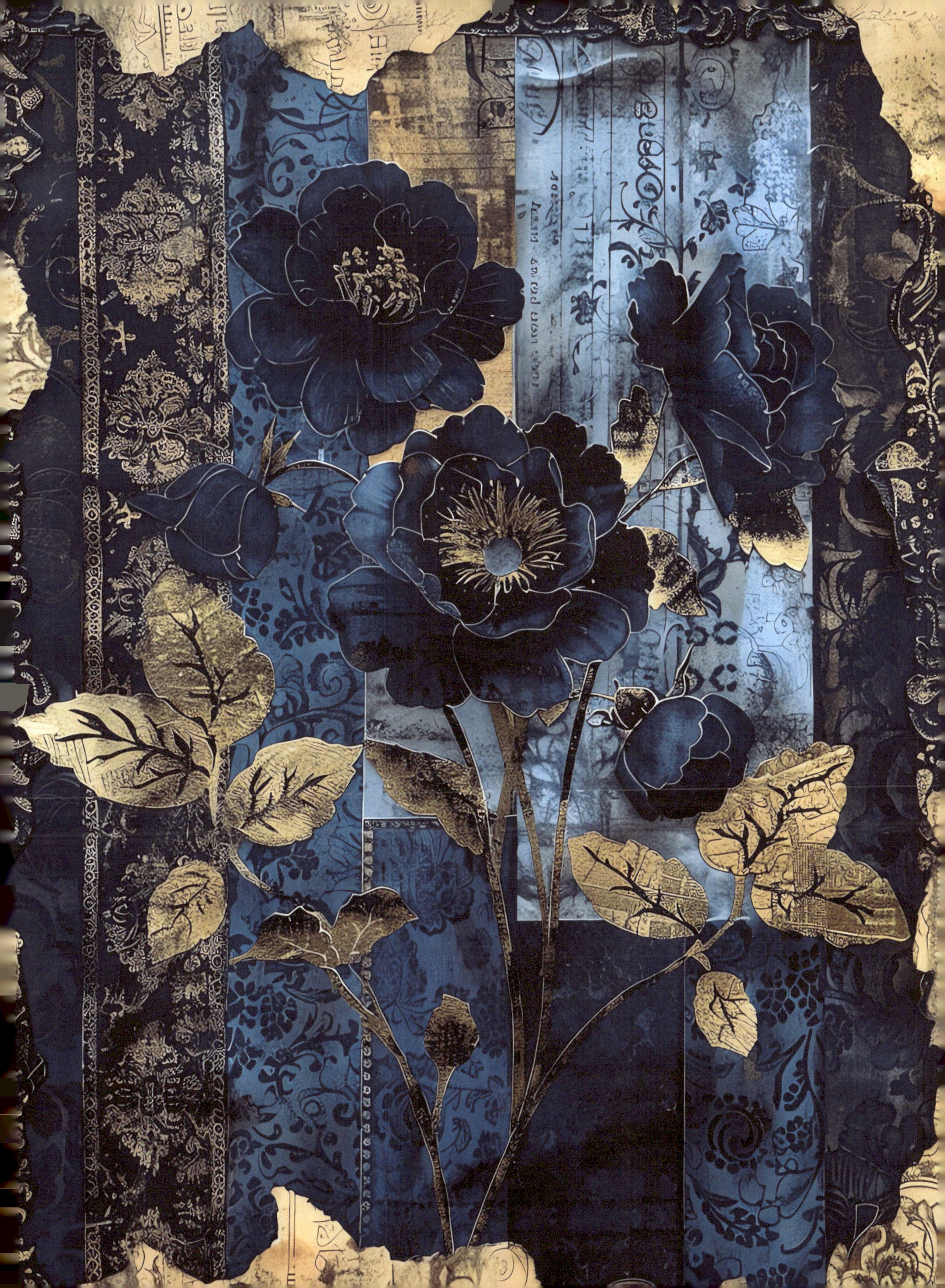

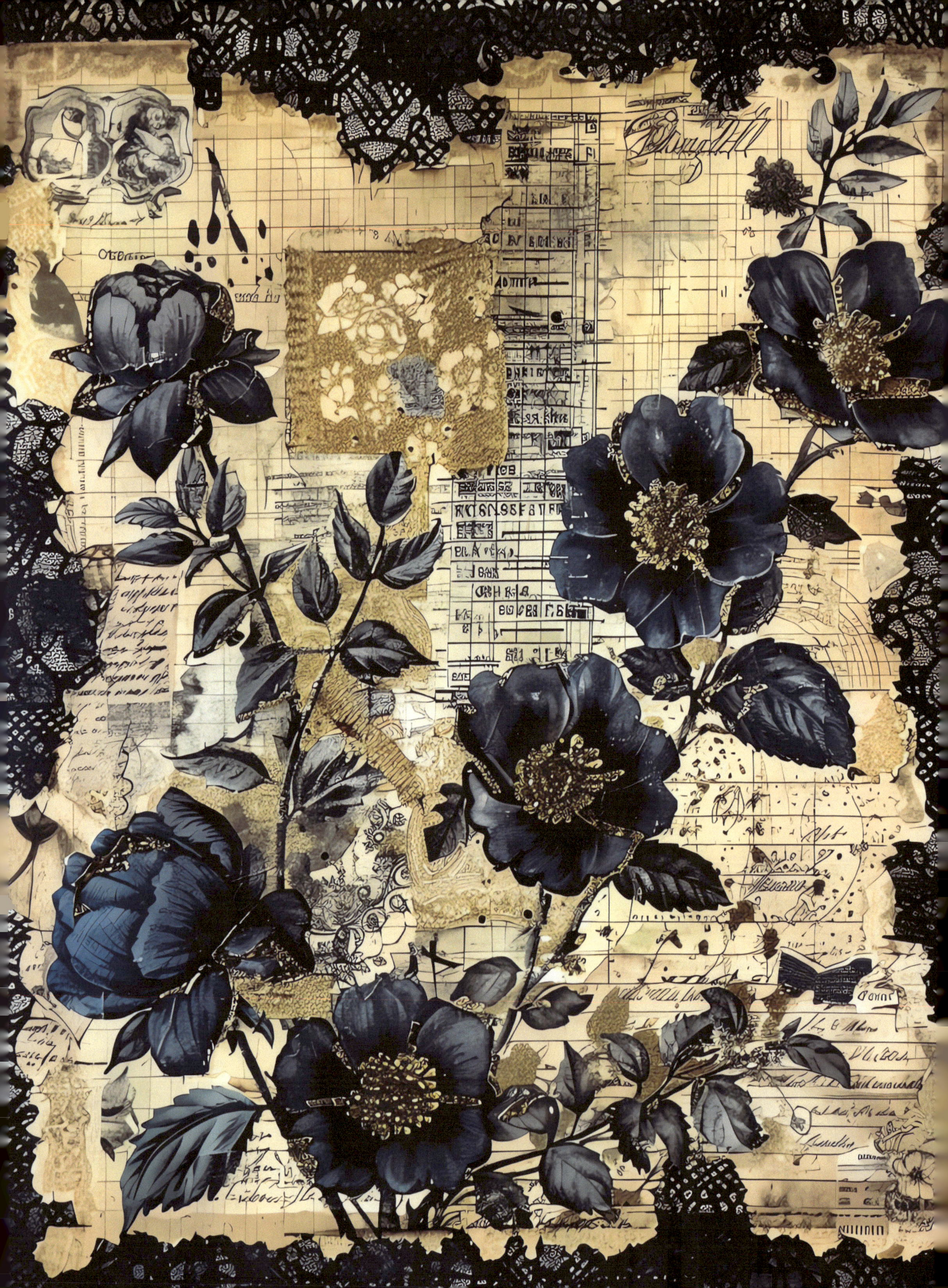

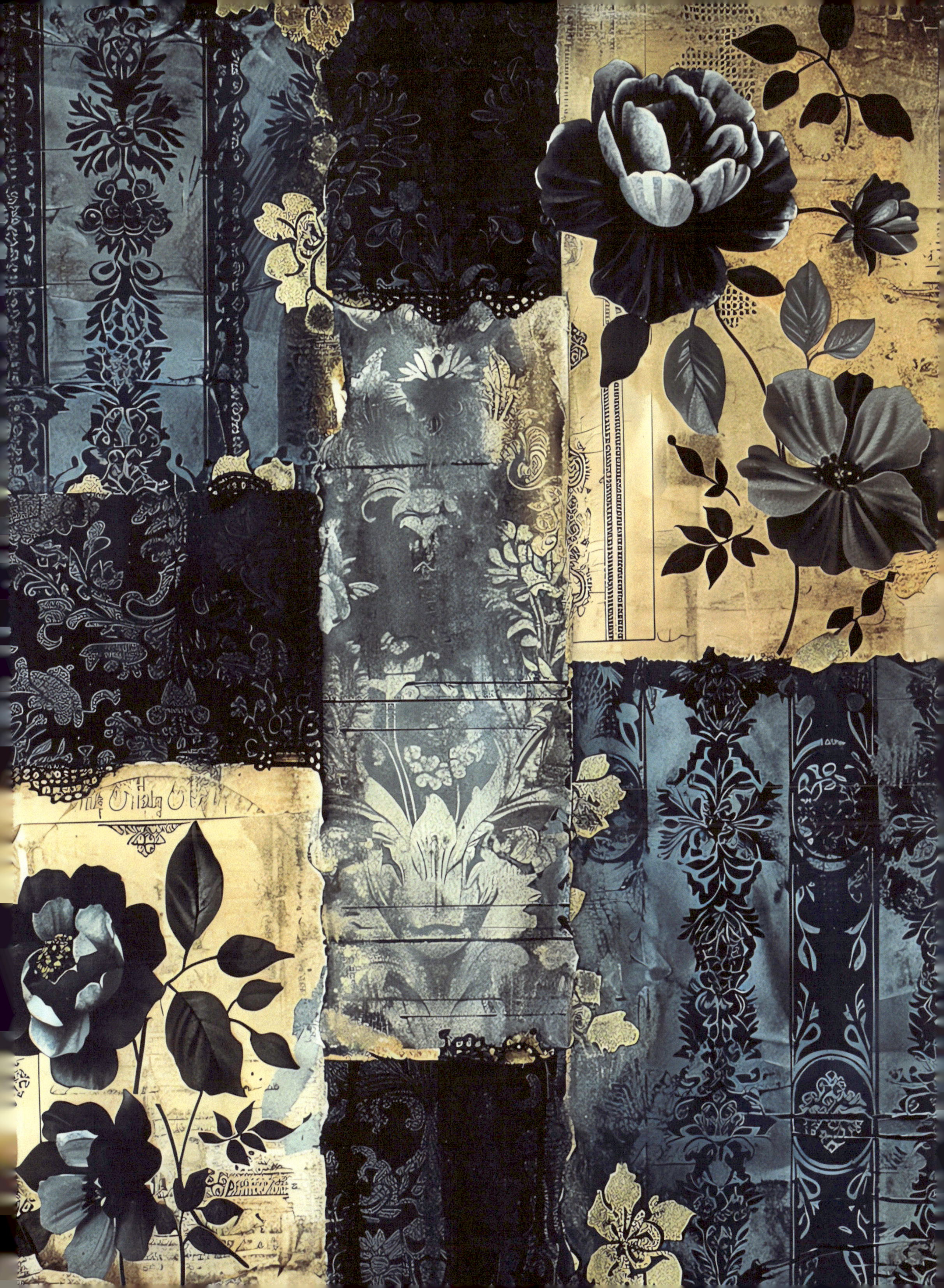

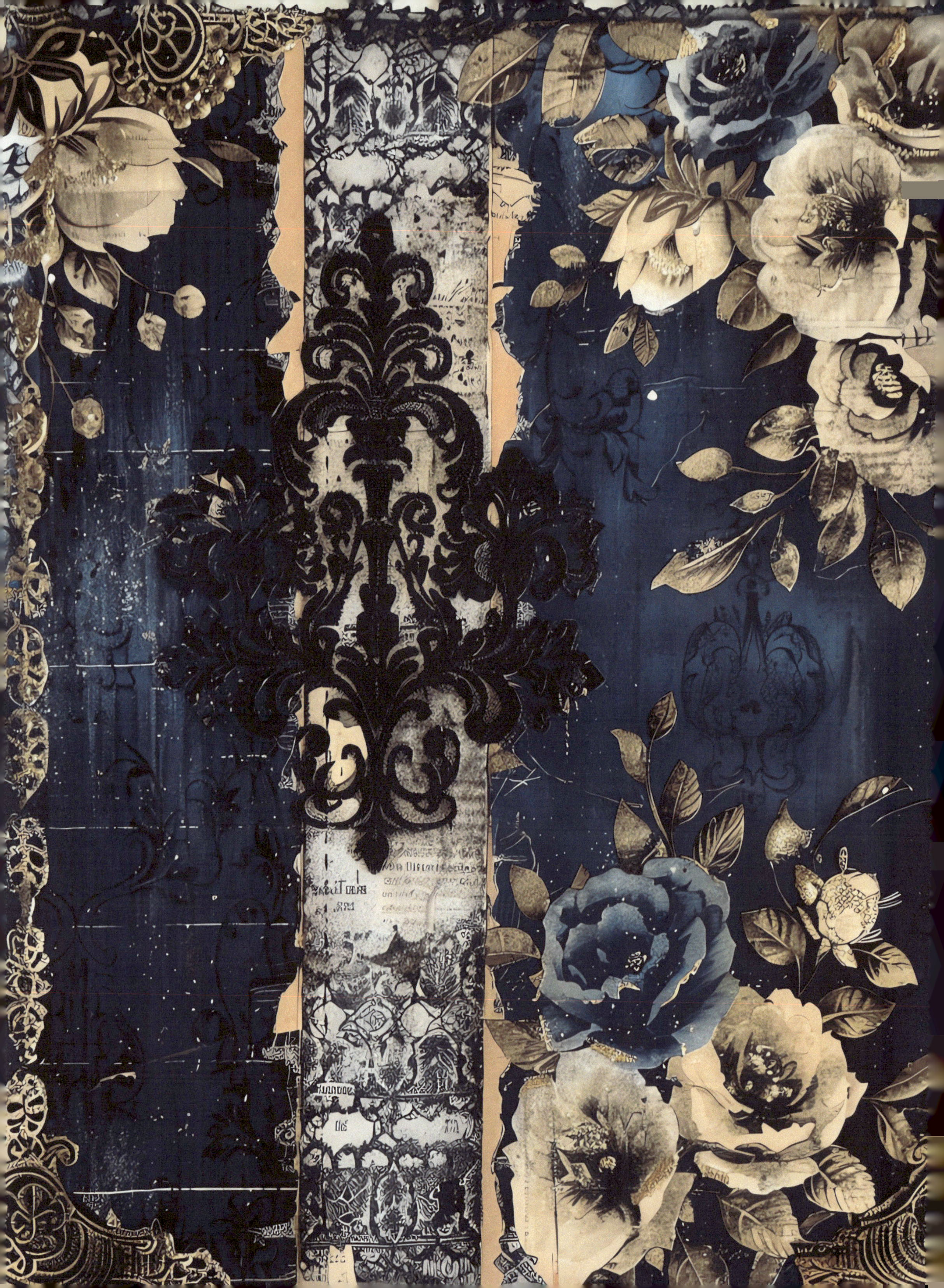

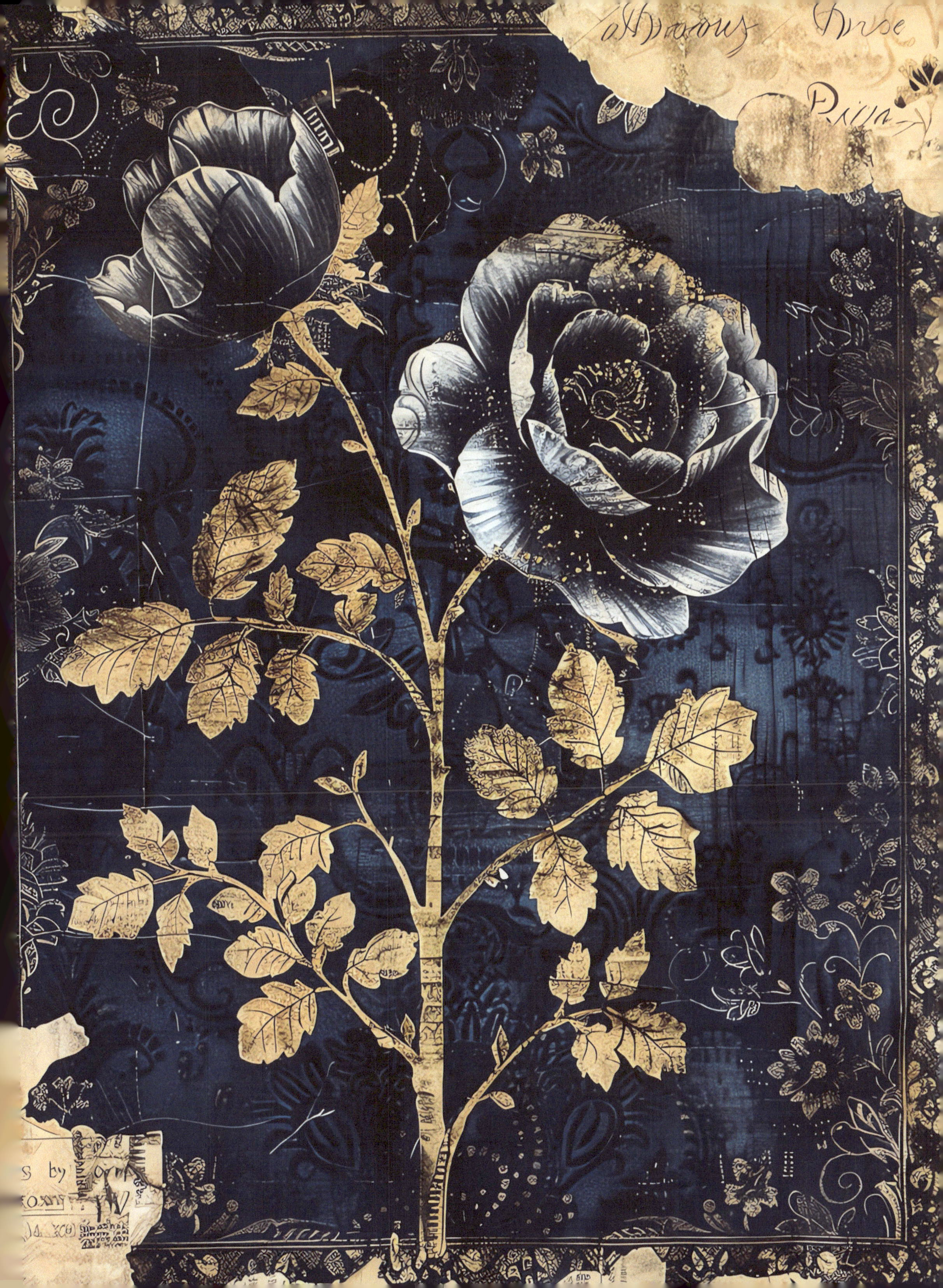

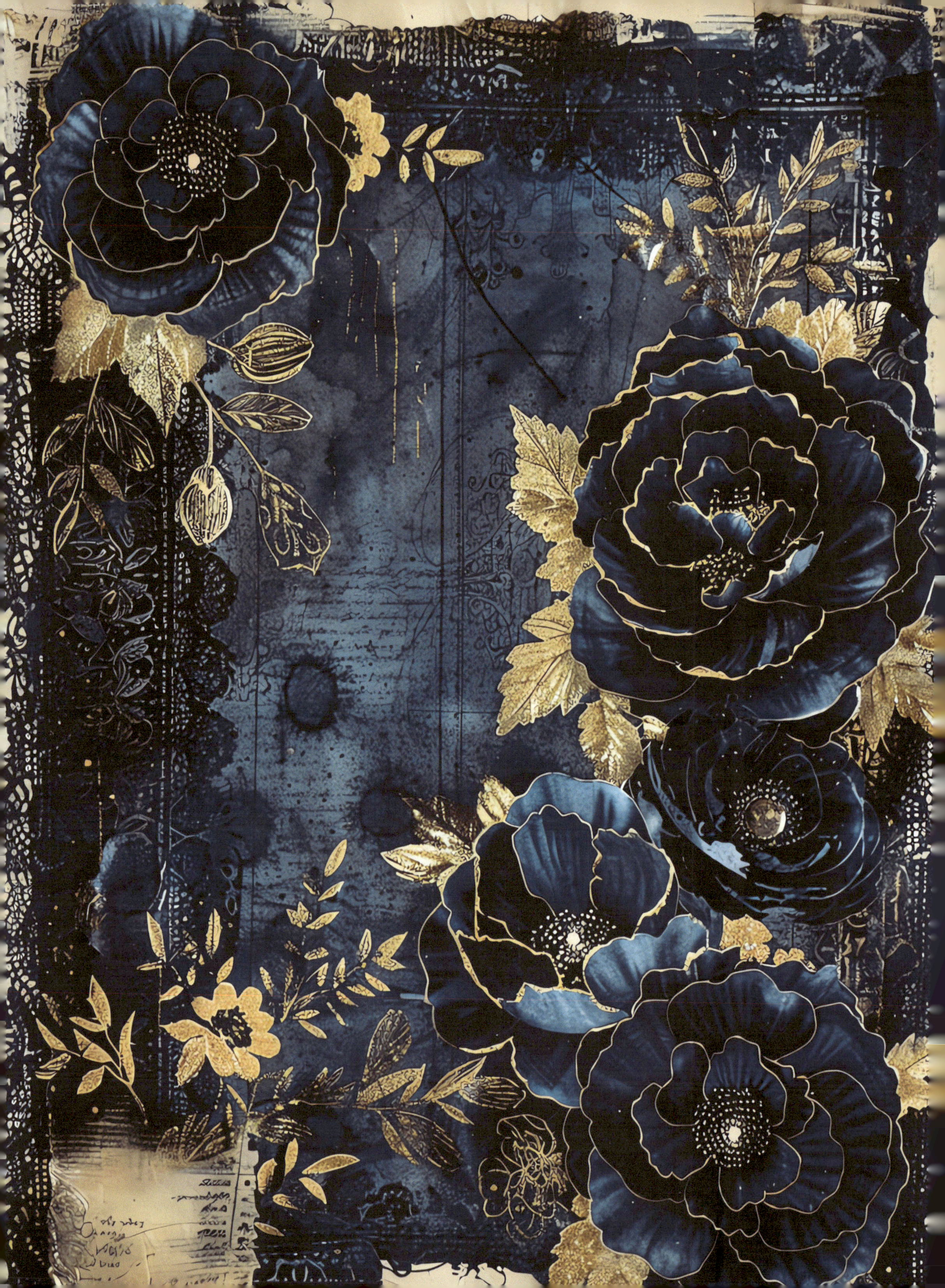

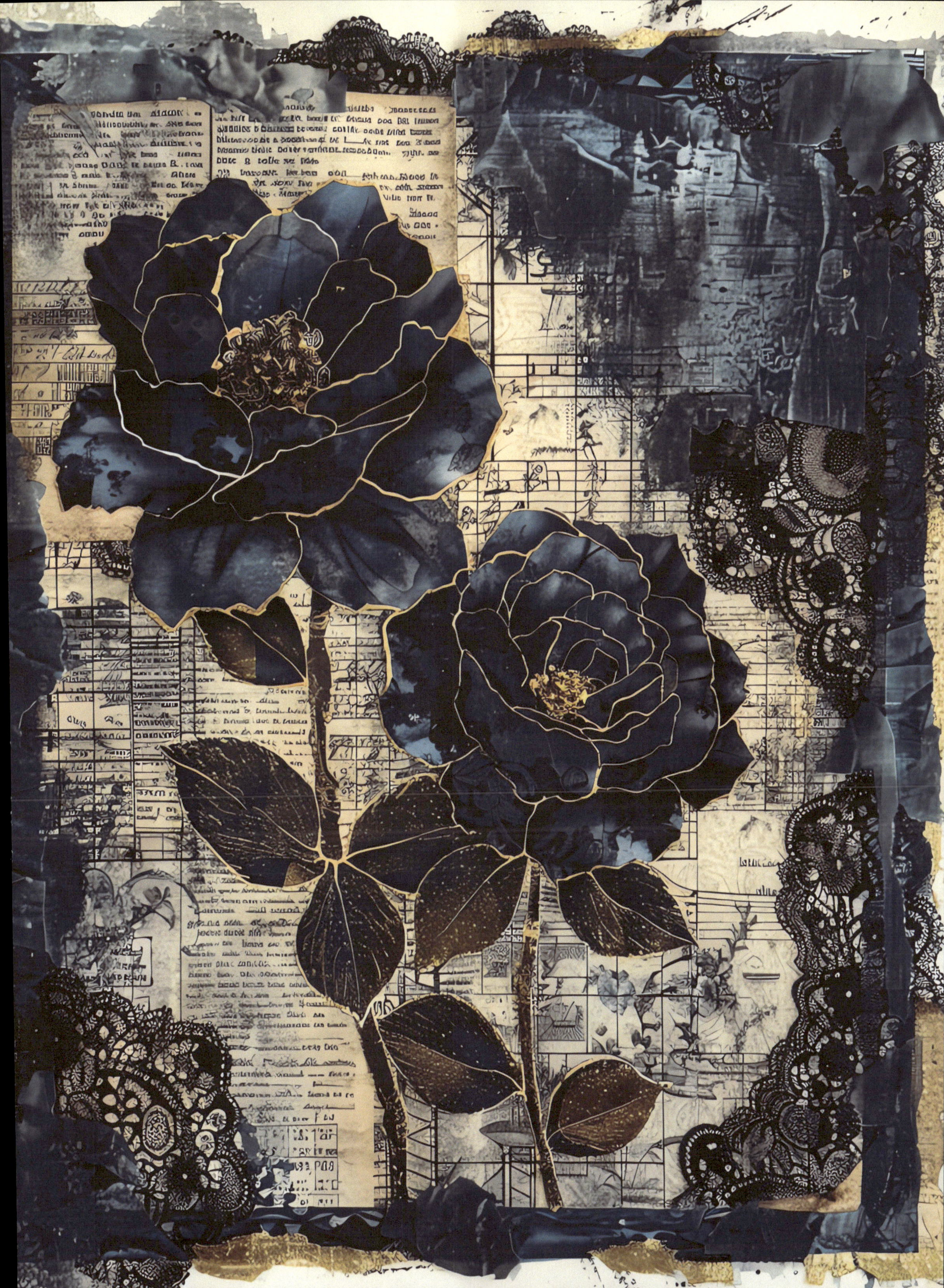

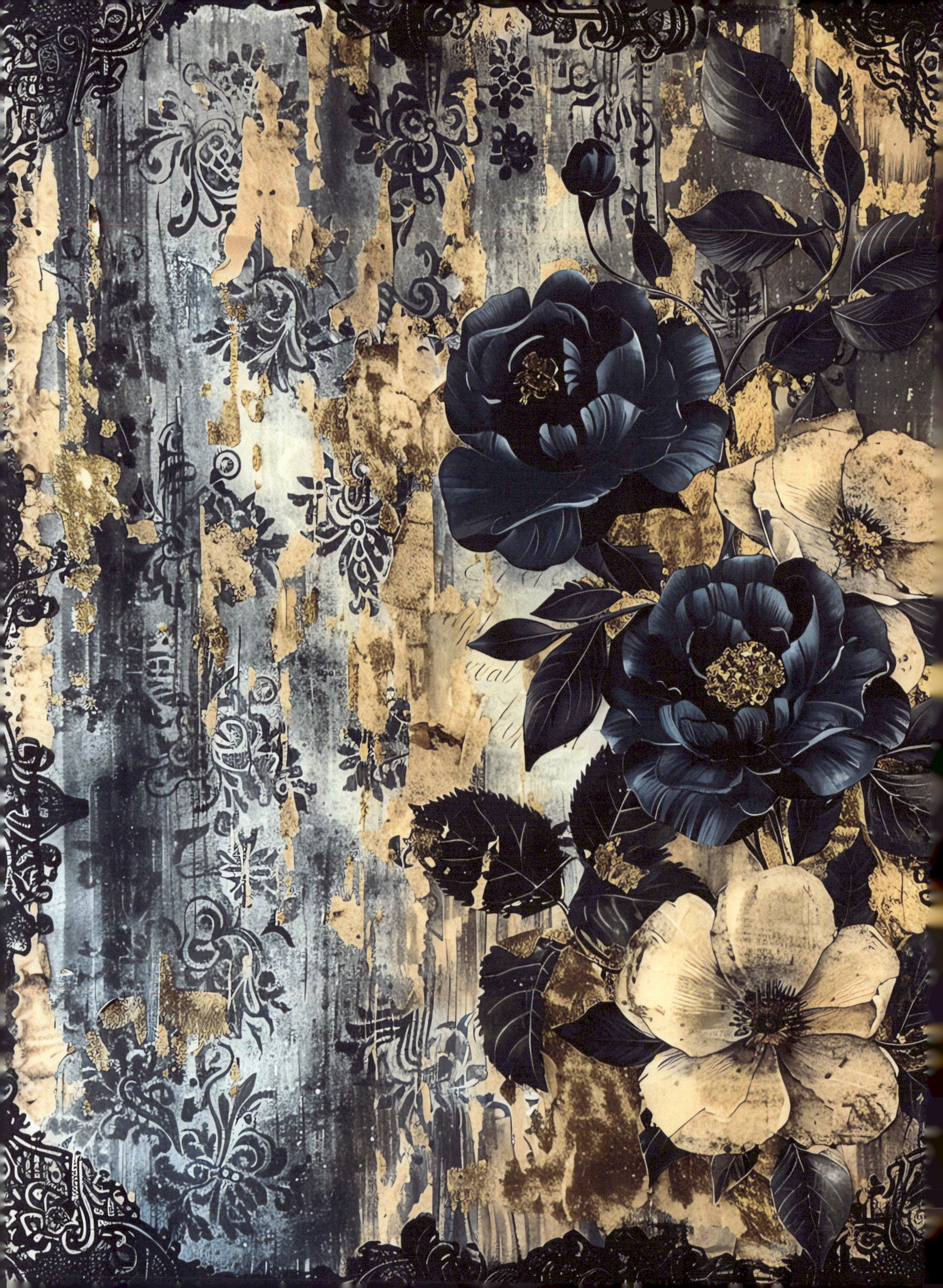

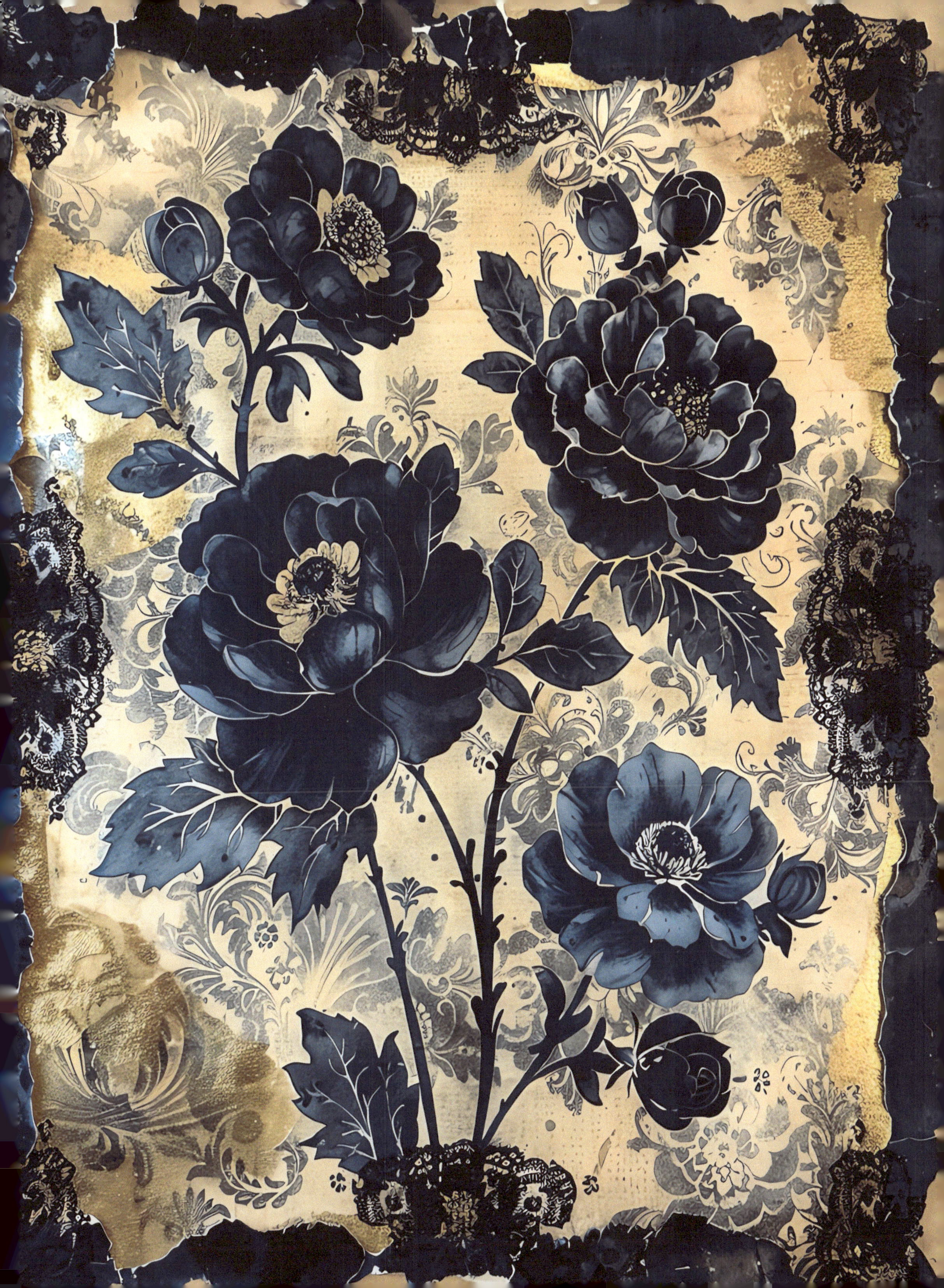

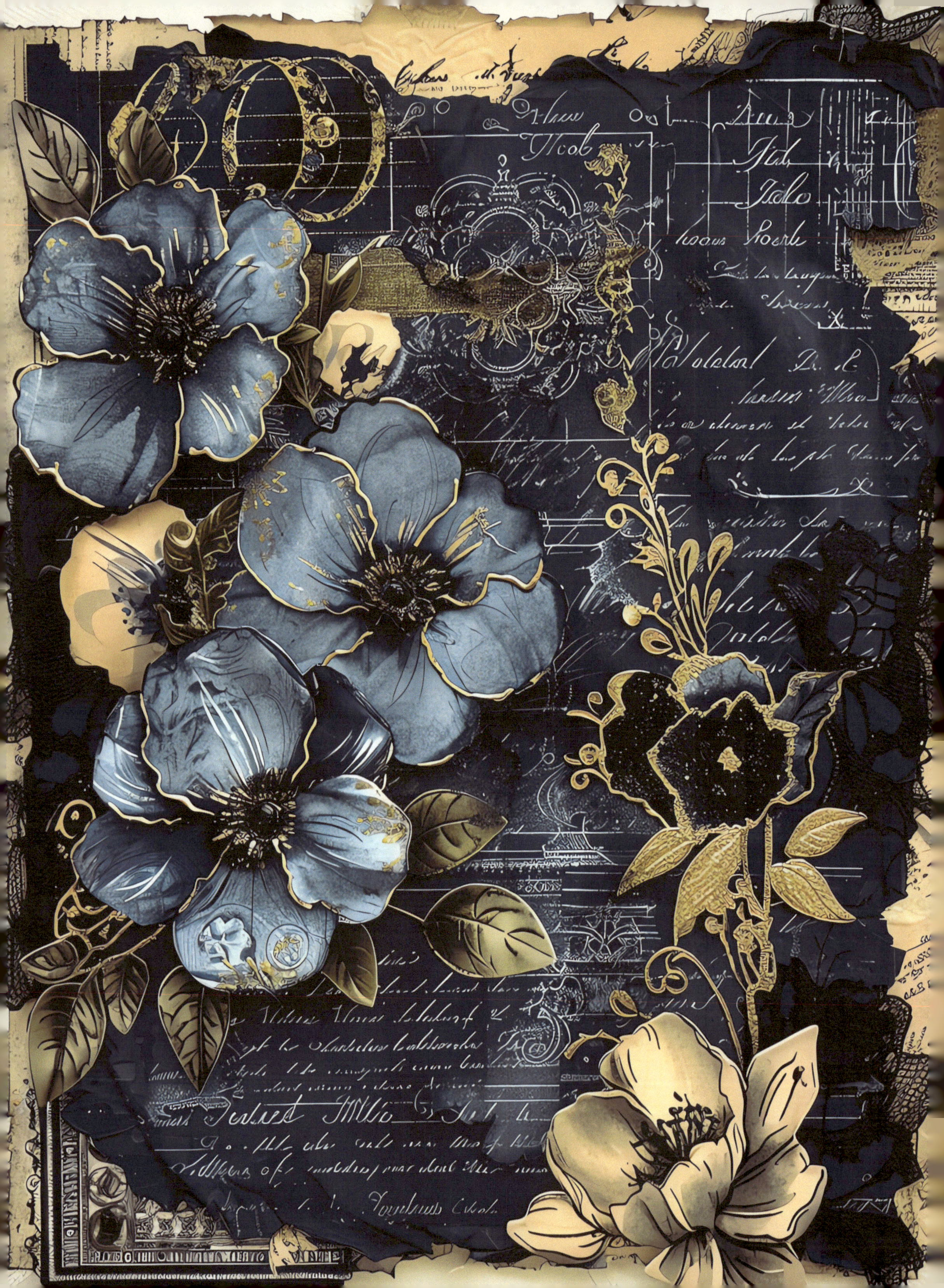

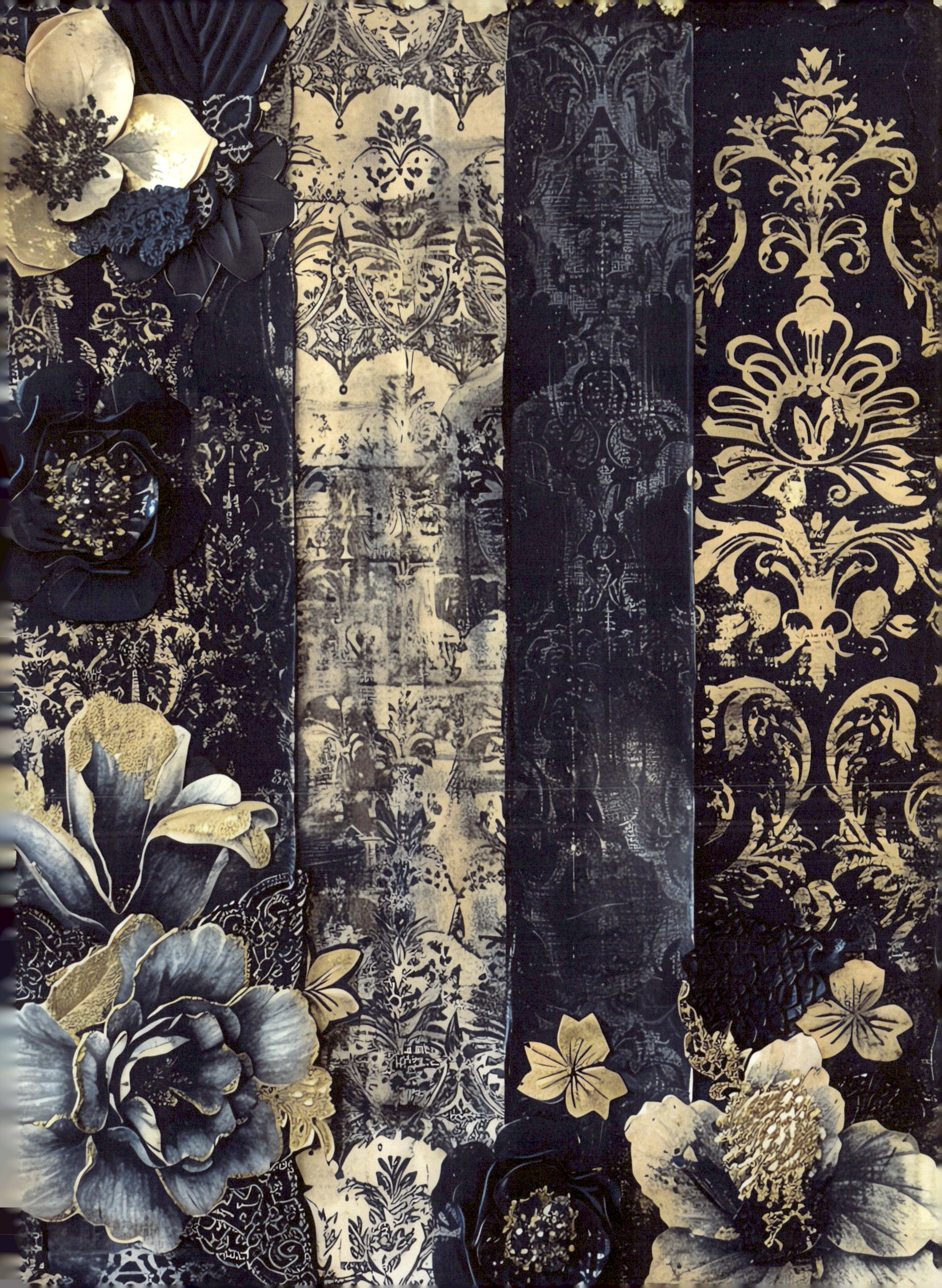

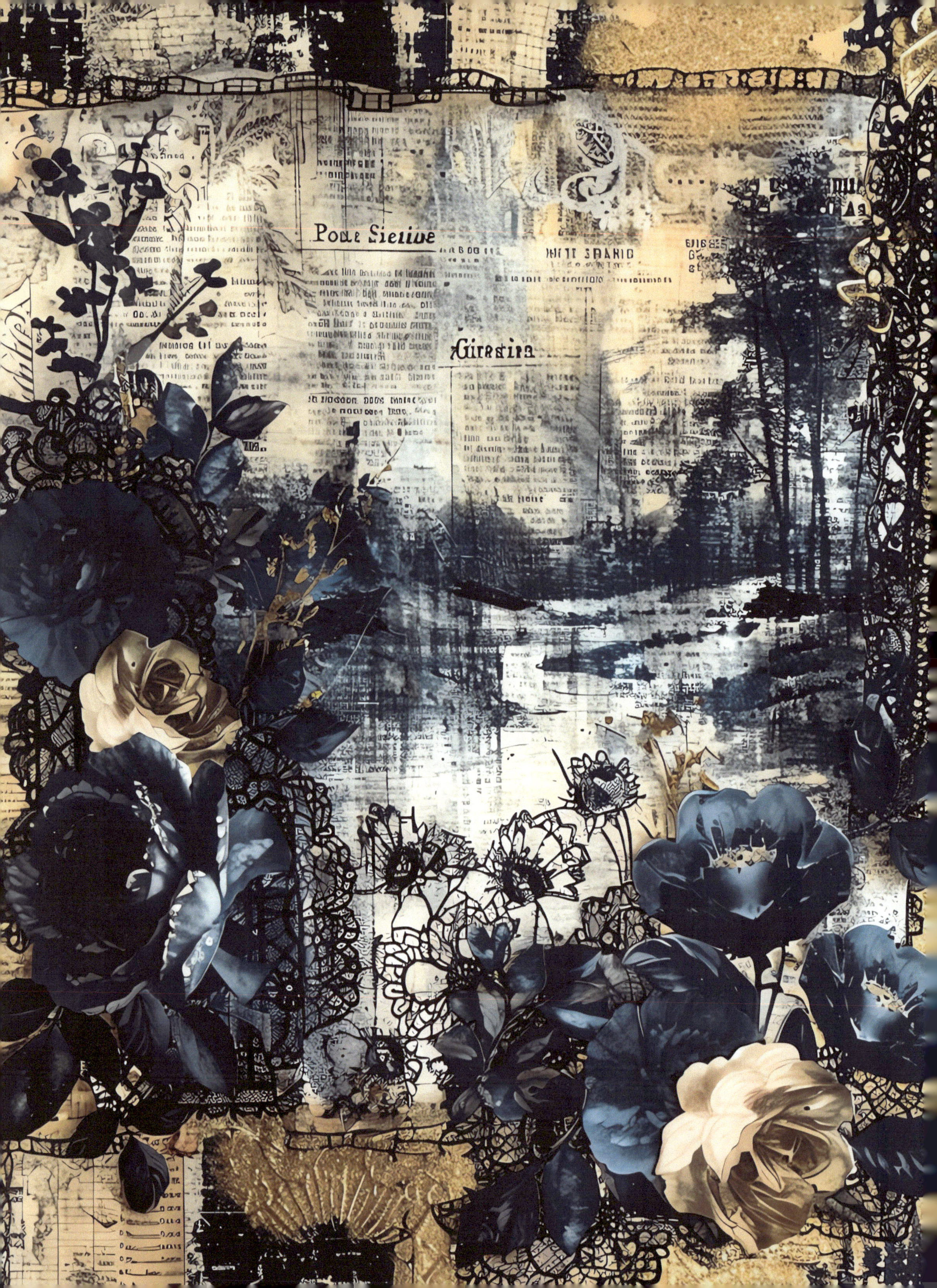

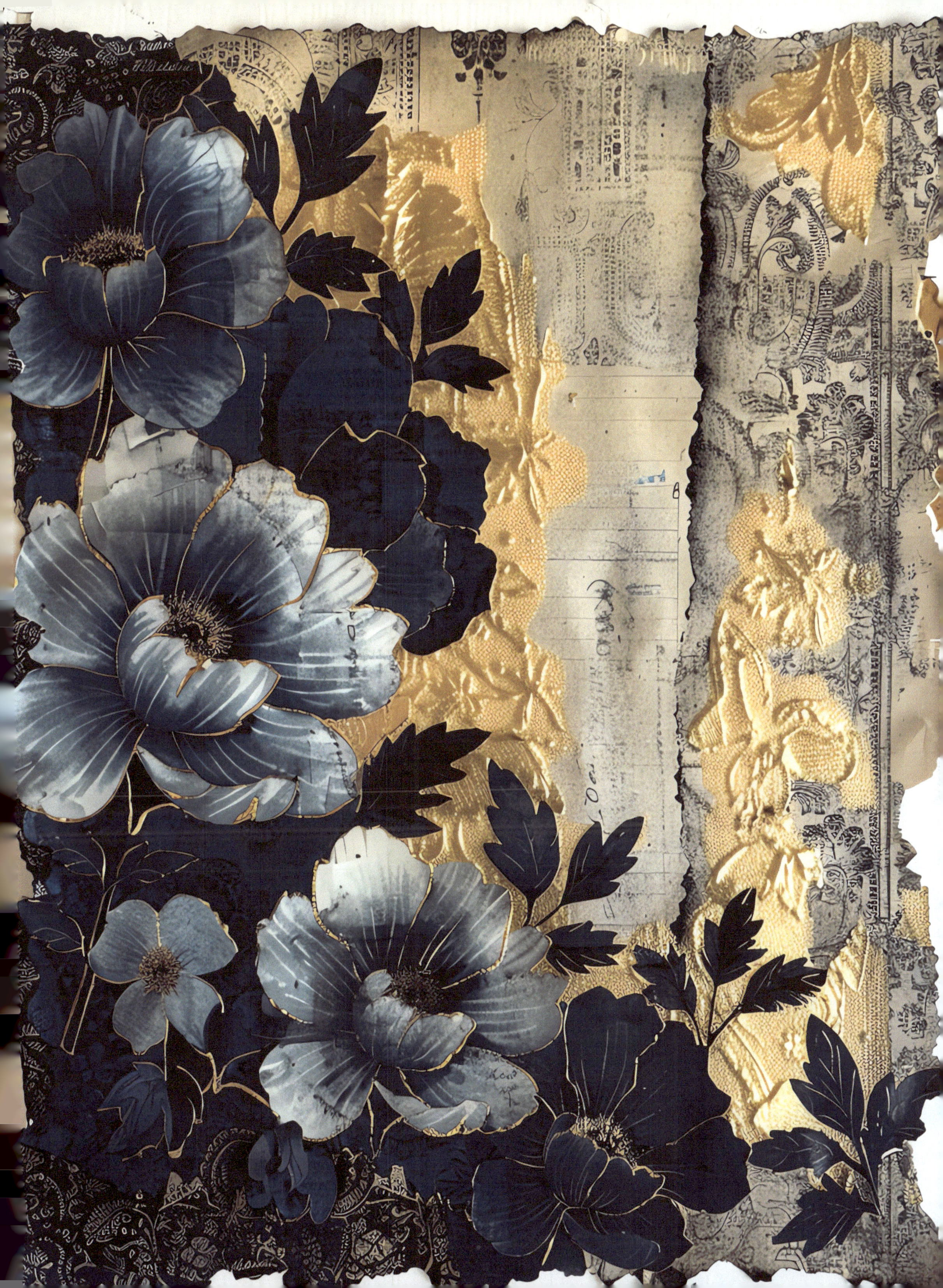

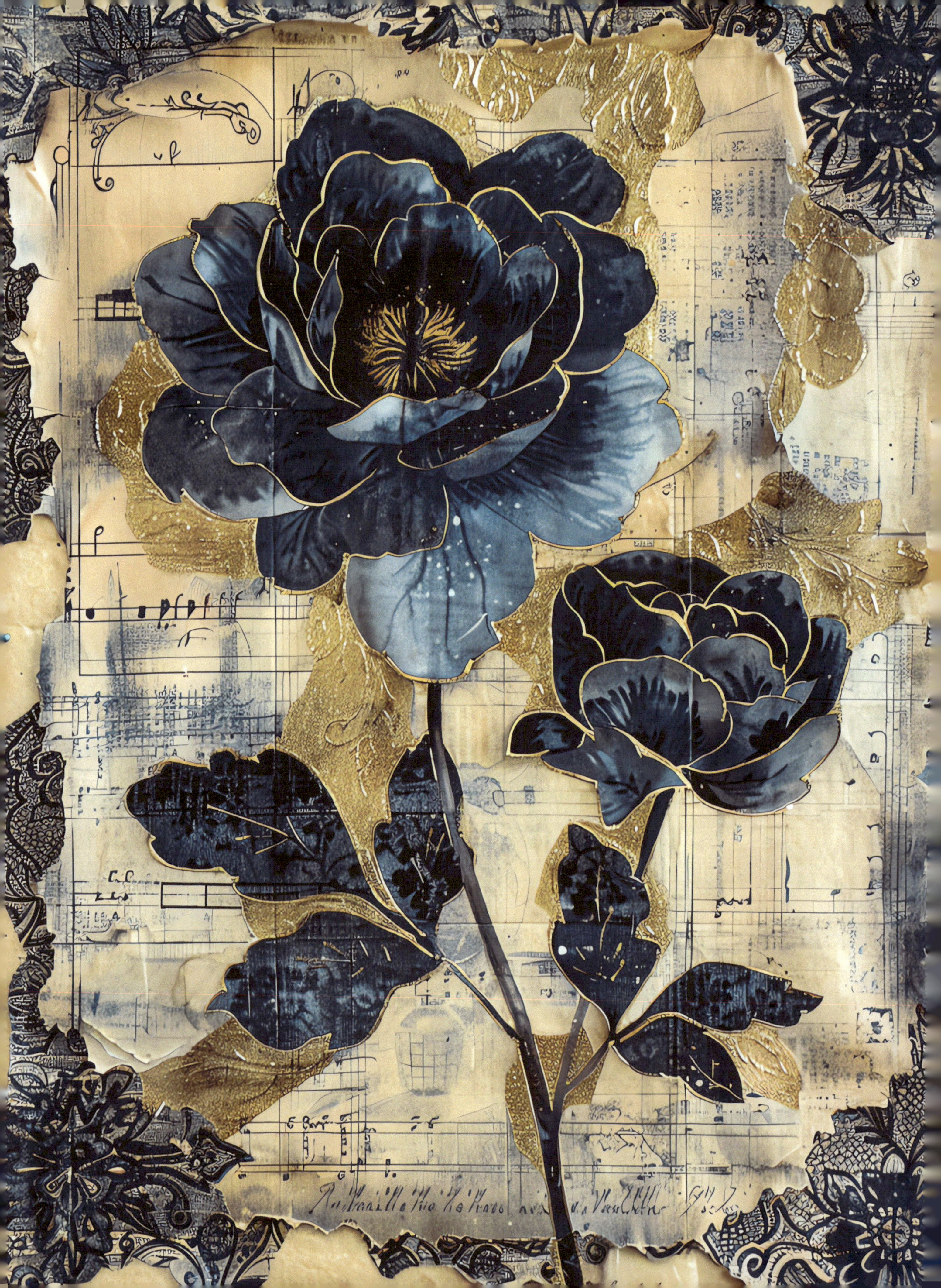

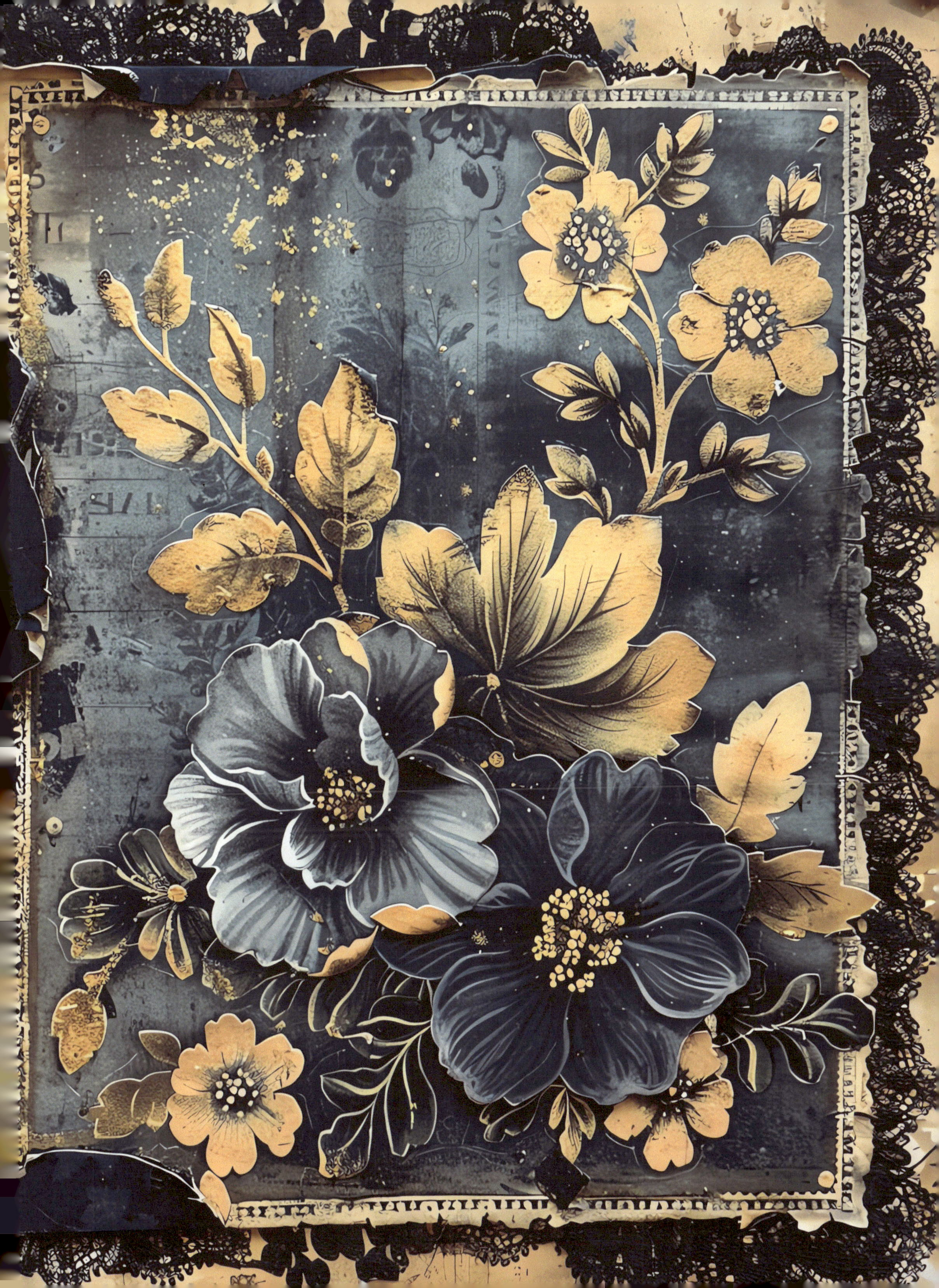

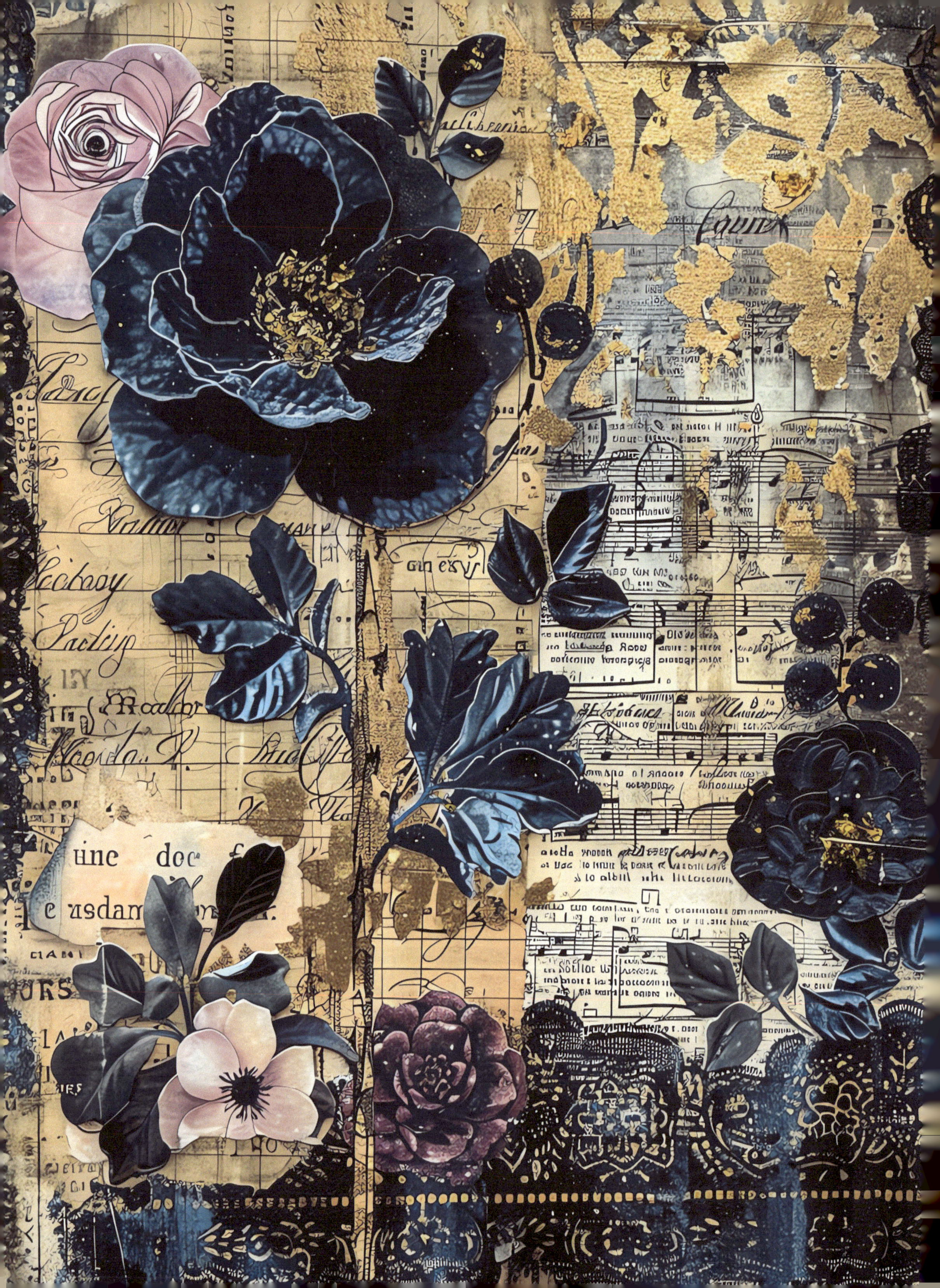

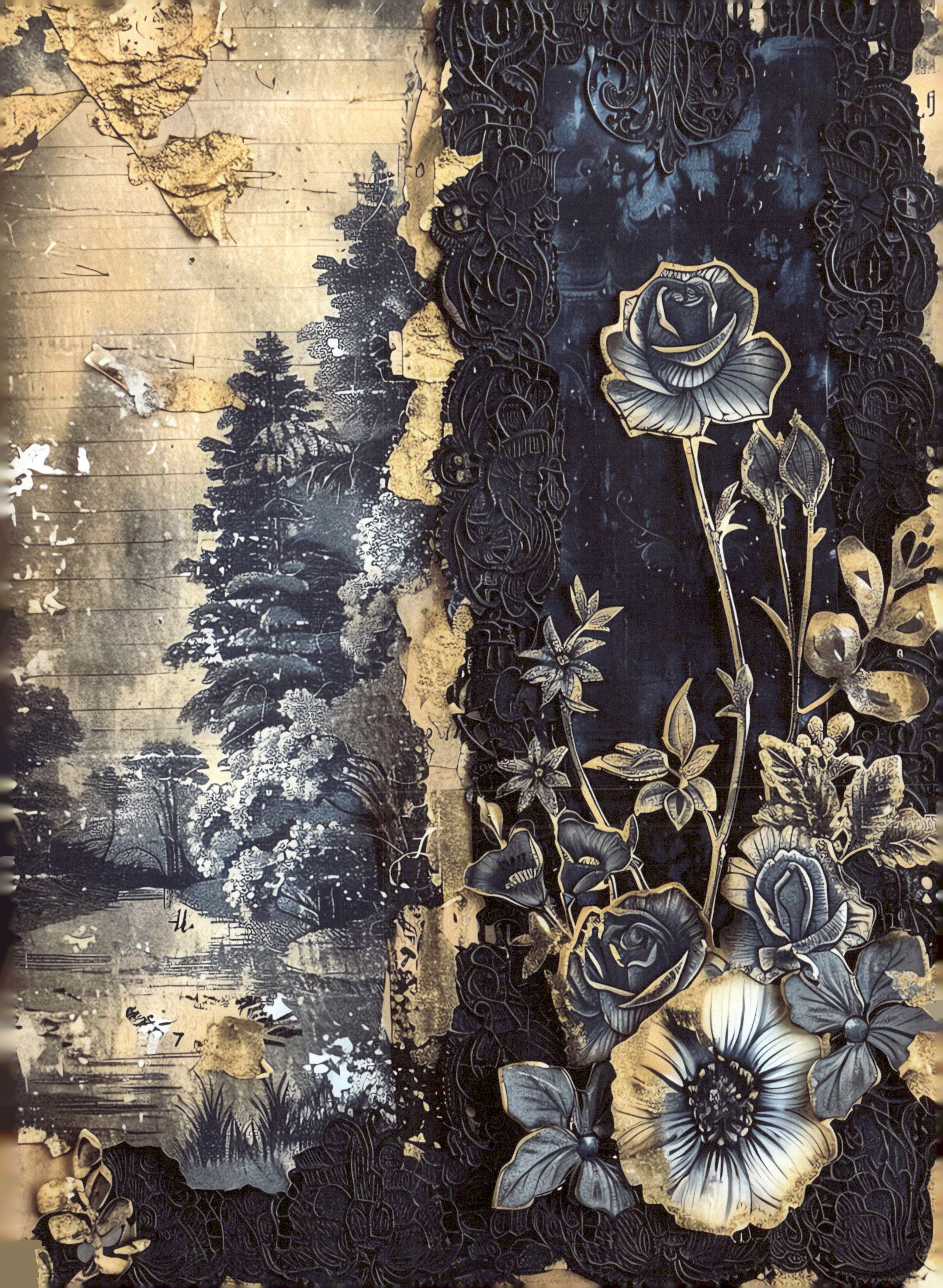

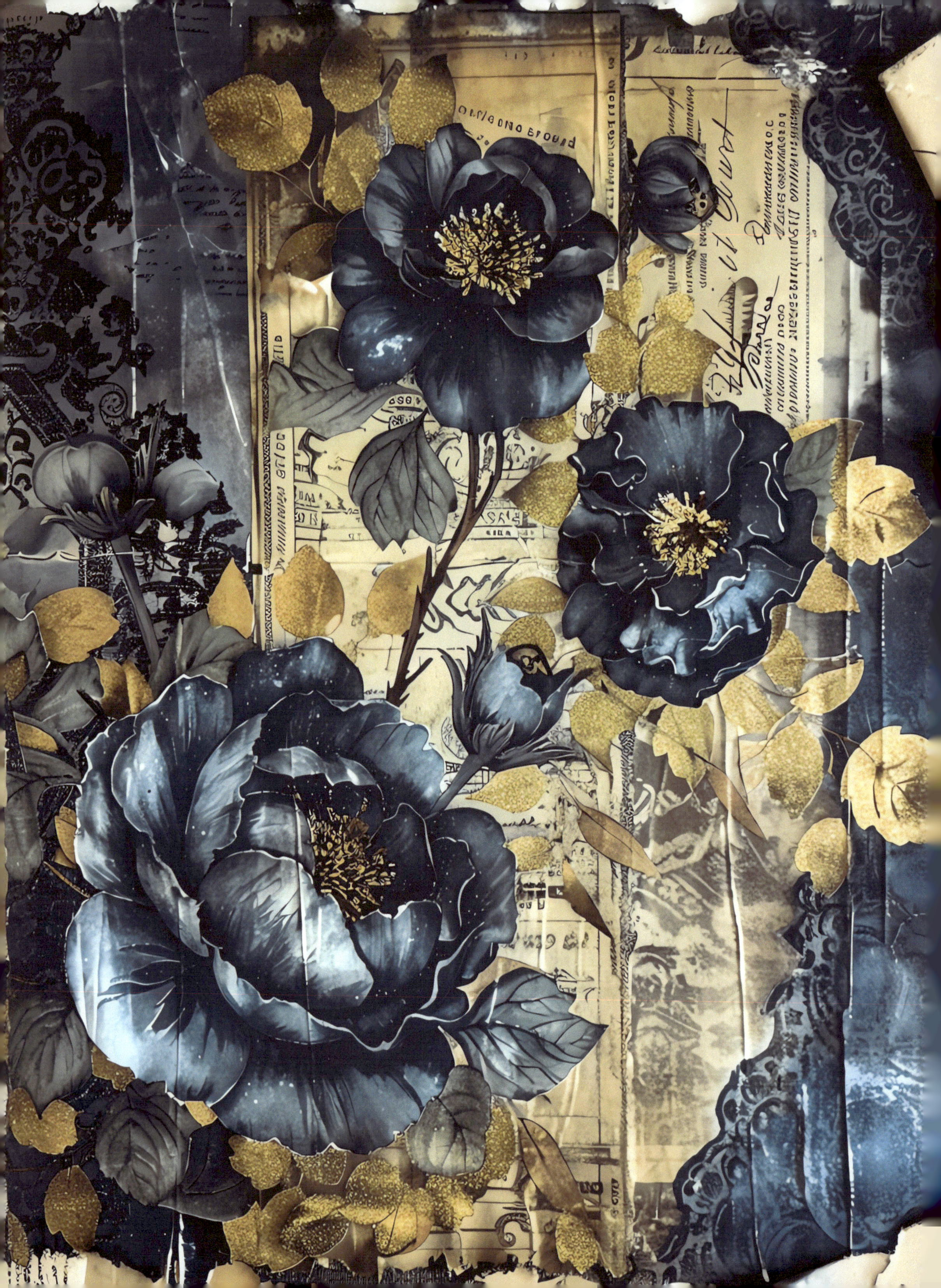